利用者と職員を守る介護現場のリスクマネジメント

介護事故・トラブルを防ぐ72のポイント

改訂3版

田中 元

自由国民社

はじめに

歩行中の転倒、ベッドや車いすからの転落、誤嚥による肺炎、介助中の表皮剥離や皮下出血——介護サービスを提供する場面では、実に多くの事故・トラブルがつきまといます。また、新型コロナウイルスをはじめとする感染症、世界的な気候変動にともなう豪雨災害、近年増加傾向にある利用者への虐待事例や利用者・家族からのハラスメントなど、時代とともにアンテナを張り巡らせなければならないトラブルなども枚挙にいとまがありません。

事業所・施設にとって、稼働率や社会的評価の低下に直結する「事故・トラブル」は深刻な課題であり、現場の管理者やリーダー職員も「何とかリスクを減らせ」と命じられることも多いでしょう。

国も、現場のリスクマネジメントにかかる運営基準等の強化を打ち出していますが、こうした動きにも対応しなければならない点で、さまざまな実務増にも直結しがちです。

生産性向上というトレンドも現場に大きな影響を

こうしたさまざまな悩みに応えるため、現場として利用者と従事者の安全を確保するため、何をどのように手がける必要があるのか。その手引きとして作成したのが本書です。

最初は２０１４年の発刊でしたが、先に述べたように、時代とともに事故・トラブルをめぐる状況は大きく変わり、対応するべき制度も変遷を続けています。

労働環境という面でも、介護現場の人員不足が恒常化することに加え、将来的に少子化にともなう労働力人口の減少という未来が待っています。これを受けての生産性向上というトレンドにおいて、現場の体制のあり方も問われる場面が増えています。

そうした激しい移り変わりの中、可能な限り最新の情報と知見を盛り込みつつ、本書は２０２４年度改定を機に2回目の改訂を迎えることになりました。

時代は変わっても「人によるマネジメント」は同じ

もっとも、時代は移り変わっても、介護現場の事故・トラブル防止の基本が大きく変わることはありません。現場の安全確保や業務効率化のために、さまざまテクノロジーが開発され現場への導入が進んでいますが、それでも土台となる「人によるマネジメント」の比重は大きいままです。

その点では、今後さらに環境や制度が変わっていく中でも、本書は十分に活用できます。

２０２５年には、いわゆる団塊世代が全員75歳以上となります。人は75歳ともなれば、持病の数が増えたり、運動機能も急速に低下します。認知機能の低下も目立つようになり、２０２５年には認知症の有病者が最大で７００万人に達するという予測もあります。

つまり、体調悪化や転倒等の事故、認知症のＢＰＳＤ悪化にともなうさまざまなトラブルといったリスクが、２０２５年を境に一気に高まることになります。

そうした時代に、何をどこまで準備すればいいのか——各地での取材や講演でよく尋ねられます。その背景には、制度の変わり方が著しく、実務や体制が追いつかないという焦りもあるようです。

現場が培ってきた知見を時代に合わせて再編

そうした時、私がいつもお伝えするのは「移り変わりが激しい時代こそ、基本に立ち返る」ことです。流れが激しく手掛かりも少ない中に身を置く際には、まず足腰を強化することが何よりも大事であり、それはあらゆる業界に通じる法則でもあります。

考えてみれば、介護保険がスタートして20年以上が経過し、介護現場は医療に負けないくらいのケアと安全確保の知見を積み重ねてきました。問題は、その社会的評価が不当に低いままで、現場で働く当事者の確たる自信につながっていないことです。

今大切なことは、今まで培った知見をもう一度見直して固め直し、時代にあった活用に向けて再編し自信をつけることです。本書は、まさにその振り返りと再編にも力を入れています。

介護事故・トラブルの防止は、現場の課題分析にかかる知見が入口です。課題分析がしっかりできれば、それはケアの質の向上、つまり、利用者の自立支援・重度化防止ひいては尊厳確保につながります。いわば事故・トラブル防止とケアの質向上は車の両輪に他なりません。

本書を活用していただくことは、それはそのまま事業所・施設の価値の向上、ひいては従事者の処遇改善に結びつくということを、心にとどめていただければ幸いです。

介護福祉ジャーナリスト　田中　元

介護事故・トラブルを防ぐ72のポイント――目次

Chapter2

基本編

介護事故・トラブルを防ぐための基本とは何か？

Chapter3

応用編　介護現場で多い事故・トラブルを防ぐ実践

Chapter5

事後対処編②　利用者側のクレームなどへの対応

巻末資料

Chapter
1

【事例紹介】

今、介護現場ではどんな事故・トラブルが多発しているか?

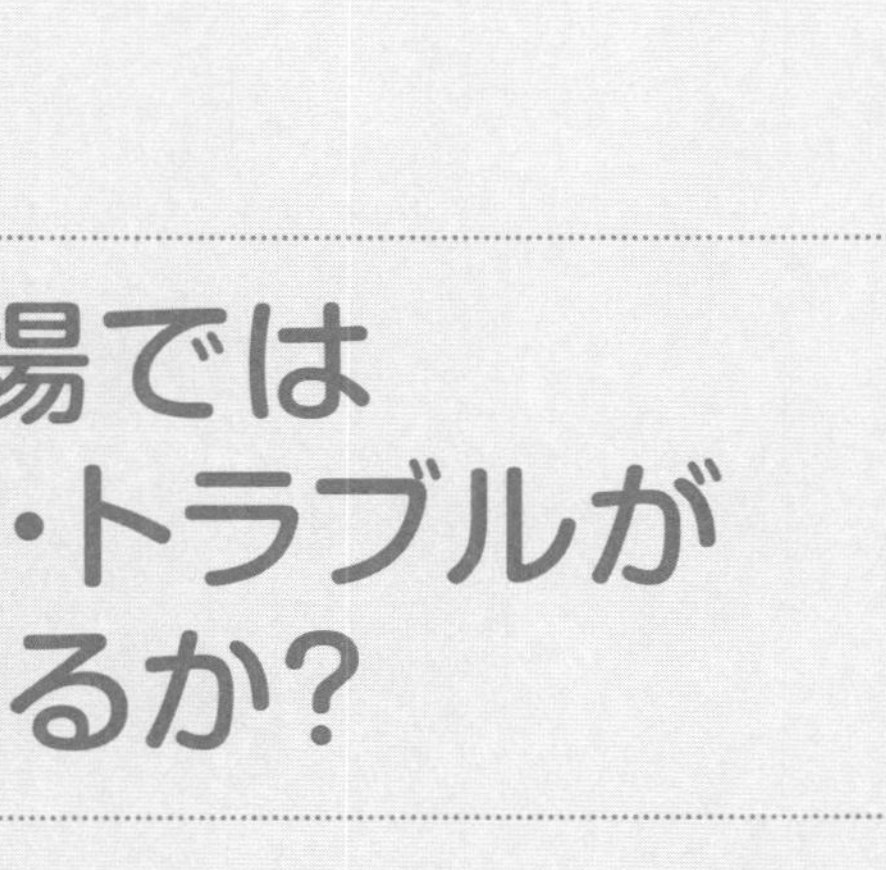

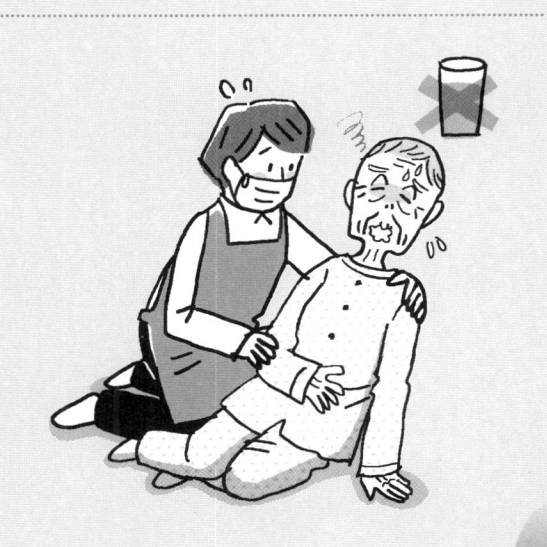

Chapter1

トラブル１

ショートステイでの転倒事故が思わぬ訴訟にまで発展!?

現場の「死角」と「事後把握」の不備

介護老人保健施設で起こった転倒事故のケースです。被害者となったのは、その施設で短期入所しているＡさん（92歳・女性）。軽度の認知症があるとともに、関節の拘縮によって自力歩行は困難な状態です。認定は要介護４で、施設内を移動する場合は車いすを使っていました。

夜８時頃、Ａさんは車いすに乗ったまま、共有フロアでテレビを見ていました。夜勤職員は３名体制でしたが、そのうち２名は別の利用者の居室でおむつ交換を行い、フロアにいた残り１名は利用者の訴えでトイレ誘導を行っていました。

こうして職員３名がフロアを離れたとき、大きな音がしました。いちばん近くにいた職員が慌ててフロアの様子を見ると、Ａさんが床に倒れていました。頭部からわずかな出血があったためすぐ看護師に連絡し、協力医療機関で頭部のＣＴをとりましたが、「外傷のみ」という診断でした。

脚部の骨折に気づかずリハビリを……

検査入院から戻ったＡさんに対し、施設ではいつものように理学療法士による「関節拘縮の進行を防ぐリハビリ」が行われました。するとＡさんが強い痛みを訴えたため、再度診察したところ、脚部を骨折していることがわかりました。手術が行われましたが、重い後遺症が残りました。

Ａさんの家族は「認知症による失認から立ち上がる危険があったにもかかわらず、職員が目を離した」点と、「医師に対して『脚部骨折』の可能性について必要な情報を提供していなかった」として、施設側に賠償を求め裁判を起こしました。

[利用者Aさんの状況]

- 92歳・女性 **要介護4**
- 関節の拘縮があり、移動においては車いすを常用
- 軽度の認知症があり、自分のADL（日常生活動作）に対する失認あり

[職員側の状況]

- 遅番・夜勤の3名が勤務
- 2名は各居室でのおむつ交換
- もう1名はAさんのいるフロアにいたが、他の利用者の訴えに応じてトイレ介助

↓

一瞬、Aさんを誰も見ていない状況が生まれる

↓

フロアで音がしたのでトイレ介助をしていた職員がフロアに戻ってみると、Aさんが床に倒れていた

↓

①Aさんが転倒したのかどうかは不明
②Aさんは頭部からわずかに出血あり
③病院に行き頭部CTなどで診察

↓

問題

❶職員が「見ていない」ので転倒の状況がわからない
❷頭部からの出血で「頭を打った」と推察する
❸その状況だけを医師に伝えている
❹本人が抵抗したため脚部のレントゲンはとっていない（※）

↓

情報不足のため
脚部の骨折を見抜けず
無理なリハビリを

※ちなみに、家族側は「医師側にも責任あり」としている

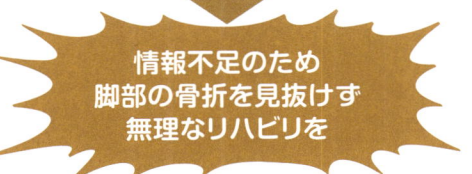

トラブル ②

利用者の「とっさの行動」が事故に？

「ひとりでできる」と思い込んだ利用者が車いすから「転落」！

特養ホームに入所しているBさん（87歳・男性）は、居室内でも車いすで移動しています。自力歩行は困難ですが、立位を保ったり、車いすとベッドの間の移乗などは自分で行うことができます。ただし、移乗に際しては職員が近くで見守りながら、必要なときに手を貸すようにしています。

その日、日中居室で過ごしていたBさんは、眠くなったのでちょっと横になろうと、職員を呼ばずに自分で車いすからベッドに移乗しようとしました。そのとき、読もうと思ってベッド端に置いた本が床に落ち、とっさに拾おうとして身体を傾け、そのまま車いすから転落してしまいました。

居室で音がしたので、職員はすぐに足を運び、床に倒れているBさんを発見しました。本人が脚部の痛みを訴えたため、医師の診断を受けたところ右足を骨折していることがわかりました。

前夜の睡眠状況などの申し送りに問題？

Bさんは自立意欲が強く、今回のように「落とした本を拾う」ためにコールするのは「忙しい職員に申し訳ない」という意識がありました。また、機能訓練の効果により、身体をかがめて手を伸ばすまでの動作ならできるようになっていました。

この施設では、他にもBさんと同じように自立意欲の高い利用者がいます。そこで、同様の事故を防ぐための検討が行われました。その際、「Bさんは前夜寝つきが悪く、睡眠不足で日中眠くなることが予測できた」という報告が出ました。こうした夜勤からの申し送りが十分でなかったことも含めて、日中のリスク予測が進められました。

［利用者Bさんの状況］

- 87歳・男性　**要介護3**
- 自力歩行は困難だが、車いすとベッドの間の移乗は自分でできる
- 機能訓練の効果で「身をかがめて手を伸ばす」までの動作ならできる
- もともと自立意識が強く、他人の手をあまり借りたがらない

［居室での状況］

- 日中、居室で車いすのまま読書をしていた
- 前夜、睡眠不足だったので眠くなった
- 「少し横になろう」と職員を呼ばずにベッドへ
- 読もうと思った本をベッドの端に置いたところ、移乗するタイミングで本が床に落ちた

本人の性格や前夜の状況について職員の間での情報共有がなされていない

事故の瞬間

- 「これくらいのことで職員を呼ぶ必要はない」と判断
- 落ちた本を拾おうとして、不安定な姿勢でかがむ

かかんだ瞬間にバランスを崩して車いすから転落

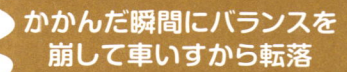

Chapter1

トラブル 3

十分な見守りの中で事故が発生!

直近まで大丈夫だったのに……服薬変更で「誤嚥リスク」が急上昇

通所サービスに来ているCさん（95歳・男性）は、要介護3ですが嚥下状態は特に問題がないとされていました。ただし、高齢でもあるので通所の食事の際には職員がテーブルに同席し、見守りを行うことにしています。

そんな折、Cさんは数日前から新薬を処方されていました。その薬は唾液の分泌が抑制される働き（抗コリン薬など）があり、それによって、口の中に入れた食べ物が「喉を通りやすいようにまとめる」という機能が低下していました。しかも、Cさんは時々食べ物をほおばる癖もありました。

食事を二口ほど食べたとき、Cさんはいきなり大きく咳こみました。やがて呼吸困難の症状を見せたため、すぐに看護師を呼んで応急処置を行い病院に搬送しました。医師の診断では、もう少し応急処置が遅ければ命にかかわったと言います。

服薬変更の注意点も共有されていれば……

その後問題になったのは、Cさんの服薬の変更・追加についての情報は伝えられていたものの、「唾液の分泌が抑制されやすい」といったリスク情報が現場で共有されていなかったことです。

現場の介護職としては、Cさんがときどき「食べ物をほおばる癖がある」という状況は把握していました。たとえば、服薬変更の情報を伝えられたとき、事業所の看護師等から「嚥下に与える影響」についての注意点などが伝えられていれば、先のCさんの癖を加味しつつ、少しずつ食べるよう促したり、食べる前の水分摂取で口の渇きを抑えるといった意識を強めることができたでしょう。

［利用者Cさんの状況］

- 95歳・男性 **要介護3**
- 週3回通所サービスで昼食を食べる
- 高齢ではあるが嚥下状態に問題なし
- 食事時には職員が同席して見守り

［直近の状況］

- Cさんの服薬内容が変わった
- 新しい薬の影響で、唾液が出にくく口の中が渇きやすい状況にあった
- 喉を通りやすいように口の中で食べ物をまとめる機能が低下していた

↓

服薬変更の情報は現場に伝わっていたが嚥下に影響を与えるリスクの注意点については共有されていなかった

＋

もともとCさんは、ときどき食べ物をほおばる癖があった

↓

このことは現場も気づいていたが、これまで飲み込み等に問題はなく注意点としては意識されていなかった

↓

食べ物が喉につまって呼吸困難に

Chapter1

トラブル 4

慌ただしくなる一瞬のスキが生んだケース

ちょっと目を離したスキに認知症利用者がひとりきりで外に！

　ある認知症グループホーム（以下ＧＨと表記）では「職員と入居者が近隣のスーパーまで買い物に行く」という機会を設けていました。その日の入居者の体調や意向などを受け、「行きたい人が行く」スタイルをとっています。「買い物」が自身の役割であるというこだわりを持っている利用者も多く、職員がうながすと玄関に集まります。

　そんなある日、入居者の中に「出かけない」意向の人が複数いました。いずれも気分がすぐれないということで、健康状態悪化のリスクがあったので、ＧＨに残る職員も一定以上必要です。そのため、当日の外出の付き添いは2名だけでした。

　出かける時間になり、外出希望の入居者が玄関に集まってきました。中にはすでに靴をはいている人もいます。「さあ出かける」というときになってメンバーを確認したところ、外出を希望しているはずのひとり、Ｄさんの姿が見えません。

慌ただしい場面で、一瞬の死角が

　最初は「まだ居室から出ていないのかな」と思いましたが、見送る側の職員によると「靴をはいている姿を見た」と言います。実は、Ｄさんはひとりで先に出ていってしまい、玄関先が慌ただしかったために職員がそれを見過ごしたのです。

　すぐに探しに行きましたが、Ｄさんは意外に歩くのが早く姿が見えません。その日の外出は中止し、手分けして捜索が行われました。結局、巡回中の警官に保護されてことなきを得ましたが、柵のない線路が近くにあるため、最悪の場合線路を歩いてしまう可能性も考えられました。

[利用者Dさんの状況]

- 76歳・男性　**要介護2**
- 中程度の認知症（認知症日常生活自立度Ⅲ）
- ADLの低下はなく自立歩行も可能

[職員の状況]

- 当日、体調がすぐれない利用者が複数いたため、ホームに残る職員数を増やした
- その分、外出に付き添う職員数をいつもより1名減らす
- 外出によって「落ち着く」利用者もいるため、中止はしない

[当日の状況]

- GHの他の入居者、職員とともに近くのスーパーへ買い物に行く予定
- 出かけるタイミングで、外出する利用者が玄関にいっせいに降りてきて靴をはく

[環境状況]

- GH周辺は小路が多く、いったん外に出ると見失いやすい
- 近くに柵が設けられていない線路があり、侵入の危険も

↓

玄関口で、利用者への目が行き届かない状況が生まれる

↓

Dさんがひとりで出かけてしまい、職員が慌てて探しに行くが姿を見失ってしまう

↓

電車にはねられる危険あり

→ 巡回中の警官に保護されてことなきを得る

トラブル 5

移乗介助時の「うっかり」で利用者が皮下出血

訪問介護10年のベテランが「焦り」から起こした介護ミス

介護の仕事に就いて10年というベテランのヘルパーがいました。その日も担当先のEさん宅へ向かい、離床や着替えの介助を行いました。

Eさんは90歳の女性で要介護4。心臓病の手術で一時期入院していましたが、高齢ということもあり、入院中の安静により背筋や足腰が思いのほか衰えてしまいました。現在、訪問リハビリで筋力の回復を図っていますが、ベッドから車いすへの日常的な移乗などにはまだ介助が必要です。

現在、夫婦ふたり暮らしですが、夫も腰痛があるので、日中の離床や移乗、着替えなどは訪問介護を使っての介助が中心となっています。

介助時の力の入れすぎで皮下出血が

その日、訪問した担当ヘルパーは少し焦っていました。別のヘルパーが体調不良で急に退職したため、一時的にそのヘルパーの担当を担うことになったのです。その訪問先はEさん宅の後に設定されていましたが、移動中に渋滞などに出くわすと訪問に遅れてしまう可能性もありました。

本人はベテランなので、「焦りがちなときほど冷静に」と自分に言い聞かせました。しかし、無意識のうちに気持ちが早っていたのか、移乗介助の際にEさんの背中に回していた手につい力が入ってしまい、一瞬、Eさんは痛みを訴えました。

その後無事に業務は完了しましたが、翌日事業所に夫から連絡が。夫がEさんの清拭を行おうとしたとき、背中に皮下出血が見られたと言います。主治医の診断では幸い大事には至りませんでしたが、人手不足も遠因となった事故と言えます。

［利用者Eさんの状況］

- 90歳・女性　**要介護4**
- 最近まで心臓病で入院、高齢のため筋力低下が認められる他、皮膚組織も弱くなっている
- 夫と2人暮らし。夫が主たる介護者だが、腰痛の持病があって移乗介助などは困難

［ヘルパーの状況］

- 入職して10年のベテラン
- ヘルパーの欠員に際しては、次の担当が決まるまで臨時で「担当」を務めることもある
- スケジュールが詰まっている場合でも、ベテランらしく「冷静さ」を自分に言い聞かせている

↓

［当日の状況］

- 他のヘルパーの突然の退職で、Eさん宅の後に急きょ「退職ヘルパーの担当先」を入れていた
- スケジュール的にはやや詰まり気味で、移動中に渋滞などに巻き込まれると訪問遅れの懸念も

↓

無意識のうちに「早く介助を済まそう」という焦りが生じ、つい「力任せの介助」に

→ **介護ミスが生じる遠因が他になかったか**

例 利用者とのコミュニケーション不足で、相手の協力動作が十分に得られていなかったなど

↓

介助時に無理な力が加わったことにより、Eさんの背中に皮下出血が生じた

Chapter1

トラブル 6

環境への目配りが足りないと大惨事も

真夜中、職員の少ない時間帯に火災事故が発生！

延焼スピードの把握と役割分担がカギ

グループホームなどでの火災により、多くの利用者が命を落としたケースがあります。平成18年には長崎県のグループホームで入居者7名が死亡、平成22年には北海道のグループホームでやはり入居者7名が死亡しています。

いずれのケースでも、火災は夜間に発生し、職員は夜勤の1名のみでした。そして、いずれも職員が消火器での初期消火を行いましたが、消火ができず断念した後でようやく１１９番に通報したり、周辺の人々（たまたま通りかかった車など）に助けを求めたことが明らかになっています。

これらの火災事例を受けて、グループホームでのスプリンクラー設置義務などを強化した消防法令が施行されましたが、その後もグループホームや小規模施設での火災が発生しています。やはり長崎県で平成25年に火災が発生したＧＨ（入居者5名死亡）は、小規模ゆえにスプリンクラーの設置義務から除外されていました（当時の基準）。国はスプリンクラー設置に際して補助金を支給していますが、水圧が低い立地などは大規模な工事が必要で設置が難しいといった事情もあります。

問題なのは、すべてのケースにおいて延焼スピードが極めて速いことと、近隣住民との協力体制（日頃からの共同防災訓練など）が十分に築かれていなかった点です。

いざ出火したときに何が起こるのか、誰がどのような動きをとればいいのかを想定することの重要性が改めて指摘されます。

高齢者宅周辺の道路環境に危険が

介護現場の被害が大きい事故と言えば、通所などの送迎に際しての交通事故があげられます。

平成25年にも、広島県で警報器や遮断機のない踏切に送迎車が侵入し、列車と衝突して職員と利用者の2名が死亡、もう1名の利用者（死亡した利用者の妻）は重傷を負いました。その後も福岡県や栃木県でも送迎車が電柱や対向車と衝突して、やはり利用者に死者が出ています。

警報器・遮断機のない踏切はもとより、他のケースでも見通しが悪かったり、道路幅が十分でないなど「走行時の悪条件」が背景にあります。広島での踏切事故の場合、電車が走ってくるレールが直前でカーブしているなど見通しが悪く、地元では「危ない」という指摘もなされていました。こうした地域の交通事情について、事前に運転者がきちんと把握していたかが問題となります。

また、栃木の事故の場合、現場は私道交差点での出会い頭による衝突でした。高齢者の住宅は、車が走りやすい街道沿いに面しているばかりではありません。特に中山間部などでは、カーブや細い脇道などが多く、少し気をとられた瞬間に事故になるリスクがあります。認知症の利用者を送迎している途中、BPSD※の悪化からその人が車内で不穏状態となり、運転手が気をとられて事故になった例もあります。介護現場の送迎では「気が散る」場面が多いことも想定すべきでしょう。

その他に、普段は大丈夫でも雪や雨などの悪天候の際にどうなるのか、という「環境変化」によるリスクの変化もつかまなければなりません。

※BPSDとは

認知機能の低下による記憶障害や失認、失語といった「中核症状」の他、環境や周囲の人々との関わりの中で現れた感情的な反応や行動上の症状のことを「行動・心理症状（BPSD）」という。
おもな症状に落ち着きのなさ・睡眠障害・抑うつ・興奮・妄想などがある。

トラブル 7

死亡事例で賠償訴訟のケースもあり

新型コロナだけではない……その他の感染症にも十分警戒

２０２０年の半ばから猛威をふるった新型コロナウイルス感染症の拡大は、介護現場の感染症対策のあり方を大きく変えました。

国は２０２１年度の介護報酬・基準改定で、現場における感染症対策の基準を強化し、施設系以外にも感染症対策にかかる委員会の開催や指針の整備、研修の実施などを義務づけています。

ノロウイルスでの死亡ケース

ただし、こうした感染症のまん延防止等に向けた規定は、新型コロナだけを意識したものではありません。施設などの集団生活の場では、あらゆる感染症について拡大リスクがあり、健康状態が悪化しやすい要介護高齢者にとっては、命にかかわりかねないケースは常に付きまといます。

そして、場合によっては、感染症の拡大時に事業所・施設が責任を問われるケースもあります。実際、中国地方の特養ホームに入所していた女性が死亡した件に関し、「施設内でのノロウイルスの集団感染が原因」として、遺族が施設側に損害賠償を求める訴訟を起こしています。

現場体制の混乱も大きな要因

ちなみに、このケースでは、女性はノロウイルス感染時の嘔吐や下痢で脱水症状に陥り、それを起因とする脳梗塞で死亡しています。

高齢者の場合、脱水症によって多発性脳梗塞につながるリスクがあります。介護現場では利用者の水分摂取量を記録しつつ情報を共有し、ケアに反映させることが大きな責務のひとつとなります。

しかしながら、いざ事業所・施設で感染症が発生・拡大すると、こうした日常の対応フローが崩れがちです。そのため、命にかかわるようなリスクが二次関数的に高まりやすくなります。

新型コロナ感染症の拡大時などは、一部の事業所が休止となったり、職員が感染して現場の人員が足りなくなるといった状況で、利用者にかかる情報共有が滞るシーンも見られました。

それゆえ、利用者の状態変化への気づきが遅くなり、健康悪化につながるリスクも高まります。コロナ禍では、感染ケース以外でも、利用者の死亡が目立ったことが指摘されていますが、これは先のような事情が影響していると言えます。

ＢＣＰ策定も予防と同様に重要

こうした状況を考えたとき、介護現場では、新型コロナ以外のあらゆる感染症の発生を想定し、予防に向けたマニュアル作成や研修実施のほか、感染症発生時の事業所・施設の運営体制についても日頃から対策を立てておく必要があります。

やはり２０２１年度から義務化され、２０２４年度には減算規定も誕生したのが、「業務継続計画（ＢＣＰ）の策定」です（32ページ参照）。いざというときの業務の継続可能性を高めるための平時からの対応を定めるものですが、ここには自然災害だけでなく、感染症発生時も含まれます。

新型コロナをはじめ、先のノロウイルスや季節性インフルエンザ、介護現場が特に注意したいノルウェー疥癬、ＲＳウイルスによる感染症など、さまざまな感染症の特徴を考慮し、発生時・まん延時の現場への影響について、医療専門職の意見も聞きながら精度の高い予測を立てたいものです。

Chapter1

トラブル 8

発見・対処が遅れると重大ケースにも
まさかの職員による虐待発覚!? 法人の信頼を揺るがす事態に

介護付有料老人ホームでの話です。Fさん（女性）という入居者の着替え介助を行った職員から、「上腕部につねられたようなアザを見つけた」という報告が管理者に寄せられました。Fさんは要介護3で、中程度の認知症はありますが、半年ほど前までは穏やかに生活していました。それが、最近は落ち着きがなくなって食事量も減り、介助の場面でも嫌がる様子を見せることが増えました。

管理者としては「何かおかしい」と感じ始めていた矢先に、先の「アザ」の報告がもたらされました。「もしかしたら、職員による不適切なケアが行われているのではないか」と考えた管理者は、現場職員に対する聞き取りを行いました。

すると入職1年目のある職員が、Fさんに対してたびたびスピーチロック（「〜してはダメ」などの行動を制限する言葉）をかけていたことがわかりました。その職員は、アザが発見される前の晩にフロアでひとり夜勤に入っていたと言います。

本人に事情を聞くと、翌日すぐに退職

その職員は入職1年目とはいえ、中途採用で前職も介護業務に就いていた経験者です。管理者はその職員と面談して事情を聞きました。その場では自身の関与を否定していましたが、翌日、本部に退職を願い出て、その後は連絡もとれなくなってしまったと言います。

管理者は、昨今社会問題にもなっている職員による虐待事件に思いを巡らし、「エスカレートしていたらどうなったか」と不安にかられました。今後の再発防止策を法人幹部と話し合っています。

［虐待が疑われた職員の状況］

- 他の介護付有料ホームからの転職（業務歴2年）
- 面接では、業務に対する意欲をしっかり示していた
- 生活行為の介助など基本的なスキルは身についている

↓

法人としては「即戦力」を期待して採用

↓

ところが……実際には

↓

［他の職員からのヒアリングでわかったこと］

- 認知症ケアに対して、十分な理解があるとは思えない言動が……
- 「前の職場の経験」をもちだして、自分のスキルを誇示する
- そのため、同僚との連携がうまくいかず、何かと孤立気味
- 加えて、人手不足のため、細かい業務が経験者である本人に集中

↓

Fさんの認知症に、どう対応していいかわからない
↓
上司や同僚にもなかなか相談しづらい
↓
ついスピーチロックが出てしまう
↓
一度やり出すと、クセになり自分が制御できない?

本人が虐待をしたかどうかは定かではないが「虐待」を生み出しかねない下地が見え隠れする

トラブル 9

機能向上に対する評価が問われる中で
利用者の自立支援が進むことで新たなリスクが浮上してきた！

通所介護事業所で、「今後、利用者の自立支援にかかる評価（アウトカム評価）がますます問われる」ことを想定して、個別機能訓練に力を入れることになりました。たとえば、それまでのサービス提供計画を見直し、日常のケアにおいて、少しでも「自分でできること・できる範囲」を増やしていくことに力を入れることにしました。

ところが、利用者が「どこまでできるのか」という見立てが十分にできていないのか、現場でのヒヤリハットが増える様子が見られました。

たとえば「昨日は○秒間立位を保持できた」という申し送りがあったとして、その日の担当職員がそのつもりで立位をうながしたところ、すぐに膝が崩れて転倒しそうになったというケース。あるいは「杖をつけば、○メートルまでの自力歩行ができる」という利用者がいましたが、その日に限ってふらついてバランスを崩したという具合です。

申し送りや言葉がけの「質」も問われる

前者について言えば、「前の晩にあまり眠れていなくて、自律神経が乱れてふらつきが生じやすくなっていた」ことが後にわかりました。後者については、職員の「がんばって」という言葉で本人の中に焦りが生じ、重心移動のバランスが悪くなったのではないかという仮説が浮かびました。

現場での話し合いの中で、「日々の申し送りの質を高めたり、本人の心理状況を思いやったうえでの言葉がけなどが必要」という振り返りが行われました。つまり、ケアや業務のあり方について、ていねいな見直しも欠かせなくなったわけです。

利用者の生活機能にかかる「事前の見立て」

利用者Gさん

【機能訓練前】
離床してベッドでの端座位は可能

↓

- 職員が補助しながらの立位訓練
- その際にベッドサイドの垂直バーを握る訓練も行う

↓

【機能訓練後】
垂直バーを握って○秒間立位を保持（職員は前に立って見守り）

利用者Hさん

【機能訓練前】
手すりと一部介助によって施設内の廊下を○メートル歩行

↓

- 手すりと杖を使っての歩行訓練
- 杖だけでの歩行を可能にするための握力と体幹筋の強化

↓

【機能訓練後】
杖だけを使って庭を○メートル歩行が可能（職員は横に付き添う）

↓

現在、「ここまでできている」という情報だけが共有されている状態

↓

しかし……

↓

本人の「直前の体調や身体状況」はどうなっているか？　前後における「いつもと違う状況」はきちんと申し送られているか？

向上心が強い人の場合、職員による安易な「がんばって」的な言葉がけなどで、本人の中に心理的な焦りなどが生じていないか？

↓

その人の「今の状況」「心の状況」への理解と共有が不十分なゆえに、「事前の見立て」では浮上しないリスクも

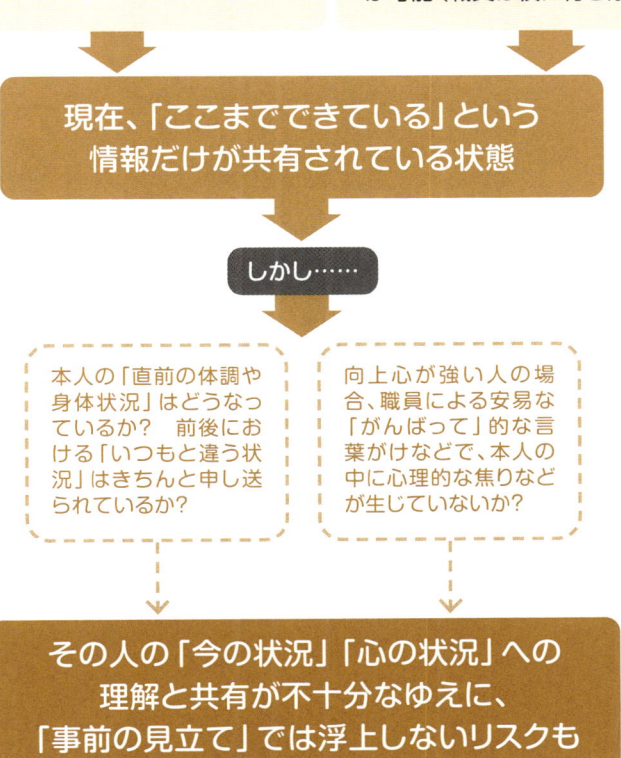

トラブル ⑩

そのときに現場に求められるのは？

災害発生時の介護業務のあり方 現場の責務がますます大きく

２０１１年の東日本大震災、２０１６年の熊本地震、そして２０２４年明けに襲った能登半島地震など、わが国では巨大地震がたびたび発生し、広域での甚大な被害が生じています。また、世界的な気候変動により台風以外での豪雨災害も増え、特に避難等による環境変化への対応が難しい要介護高齢者は深刻なダメージを受けがちです。

支援チームが現地入りするまでは？

大きな災害では、介護事業所・施設も被害によって支援機能が損なわれがちです。

たとえば、地域医療がダメージを受けた場合に支援に入るチームに「ＤＭＡＴ」や「ＪＭＡＴ」がありますが、こうした支援チームの介護・福祉版にあたるのが「ＤＷＡＴ（災害派遣福祉チーム）」です。それ以外に、全国規模の職能団体や業界団体が現地に専門職を派遣することもあります。

ただし、特に大きな地震等の場合、交通網の遮断等で支援チームが現地に入るまでに時間差が生じることもあります。施設職員などが避難所などに移ることもできずに、施設内に利用者と一緒にとどまるといったケースも想定されます。

ＢＣＰ義務化で上がる責務ハードル

そうした状況下で何をするべきなのか。そのために普段からどのような備品を揃え、いざという時の職員体制をどう整えるのか——これらをまとめたのが業務継続計画（ＢＣＰ）です。

この作成が制度上で義務化されたことにより、酷なようですが、事業所・施設が果たすべき責務のハードルは上がってきています。大きな災害時には職員も被災者となっているケースが多いので、「できることが限られる」のは当然です。しかし、介護事業運営を手がける法人としては、「ＢＣＰが実効性あるものなら、リスクは軽減できたのでは」と社会的に問われる場面も増えるでしょう。

行政の指導・監査も厳しくなる時代

この点を考えれば、どこかの法人のＢＣＰを丸写ししたような片手間は許されません。たとえば、自施設の立地状況（例：ハザードマップ上でどう位置づけられているか）や利用者の特性（例：医療依存度の高い利用者が多い場合の薬の管理はどうするか）、駆けつけられる職員はいるのかどうか（例：職員の住まいや施設までの交通網の状況）など、特有の状況を反映させることが不可欠です。

特に地震や水害の被害を受けやすい地域では、行政によるＢＣＰに関する指導・監査も厳しくなるでしょう。「災害時の介護事業者の責任は問われない」と高をくくれる時代ではありません。

災害時、自施設の利用者の特性から想定されること

利用者の服薬状況
利用者ごとに何日分の薬が確保できている？

利用者の認知機能
BPSDが悪化しやすい非常時下の体制は？

利用者の栄養状態
低栄養リスクにも対応できる保存食確保は？

家族等への連絡体制
スマホ等が使えない場合の連絡拠点等は？

利用者の排せつ状況
排せつの自立度に合わせたオムツ類確保は？

Column

現場へのICTやロボット導入が進む中で……

少子化にともなう将来的な労働力人口の減少を見すえて、国は介護現場の生産性向上に力を入れています。具体的には、ICTやロボットなどのテクノロジーの導入を図りつつ、限られた人員でも介護現場の安全性を高め、介護サービスの質の向上を図ろうというものです。

そうしたテクノロジーの現場への浸透を図るべく、厚労省はここ数年度にかけてテクノロジー導入にかかる補助金を予算で計上しています。これを「介護テクノロジー導入支援事業」と言います。

また、施設系や特定施設などでテクノロジー導入を図りつつ、現場の安全体制確保を図った場合の人員基準等を緩和したり、導入効果の測定を行った場合の報酬の評価も図っています。後者の報酬上の評価は、生産性向上推進体制加算（111ページ参照）と言います。

使いこなせば便利なものにもリスクはあり

現状で具体的に導入されているテクノロジーと言えば、利用者のベッド上での動きなどを感知する見守りセンサーや、離れた場所にいる職員同士で手がふさがっていても連絡がとれるインカム、タブレット等で簡易に記録が取れる介護ソフトなどがあります。

いずれも使いこなせれば便利なものではあります。一方で、業務手順などが変わることにより、慣れないうちはかえってケアに対する集中力が損なわれるなどの危険もともないかねません。

その点を考えた場合、「テクノロジーさえ導入すればいい」というのではなく、自分たちの現場の課題分析をきちんと行ったうえで、その解決に資するものを選んでフィットさせるビジョンが必要です。

昨今では、転倒リスクや認知症のBPSDの悪化を予測する機器も出ていますが、その利便性にべったりと依存するのではなく、自分たちが現場で培ってきた技能にうまく組み合わせるという視点も重要です。まずは、今の環境分析をしっかり行うことを心がけたいものです。

Chapter 2

【基本編】

介護事故・トラブルを防ぐための基本とは何か？

Chapter2

01

事故・トラブルの発生には法則がある!?

なぜ「起こるのか」を知ることから始めよう

現場での介護事故やトラブルを掘り下げていくと、必ずいくつかの法則が見えてきます。言い換えるなら、「起こるべくして起こった」という背景がそこにあります。この「起こるべくして起こる」背景をそのままにしておくと、事故やトラブルが高い確率で生じることになります。

この点を頭に入れたとき、事故・トラブルを防ぐためには、「起こるべくして起こる」という背景につけこまれないよう、その課題の芽を一つひとつ摘んでいくことが必要です。ただし、まだ事故やトラブルにつながっていない段階では、意識しないとなかなか課題は見えてきません。

そこで、現場のどの部分に課題が潜んでいるかという見立てをしたうえで、適切な方法に基づいて掘り下げていくことが必要です。もっと言えば、「現場のどの部分にどうやってメスを入れるか」というノウハウを前もって整えておき、先輩や同僚とともに共有していきましょう。

やみくもにリスクを探し回ってもダメ

では、現場のどんな部分に課題（リスク）が潜んでいるのでしょうか。やみくもに「どこにあるだろうか」と探し回っても、事故・トラブル防止の効果は上がりません。特に慌ただしい介護現場では、ポイントを見落としがちとなります。

そこで、あらかじめ目当てとなるポイントを3つあげましょう。それは①利用者本人の中に潜むリスク、②業務についている職員の中に潜むリスク、③介護が行われている「環境」に潜むリスクです。これを羅針盤としてください。

「見えにくい課題」を放置すれば、必ず事故・トラブルに！

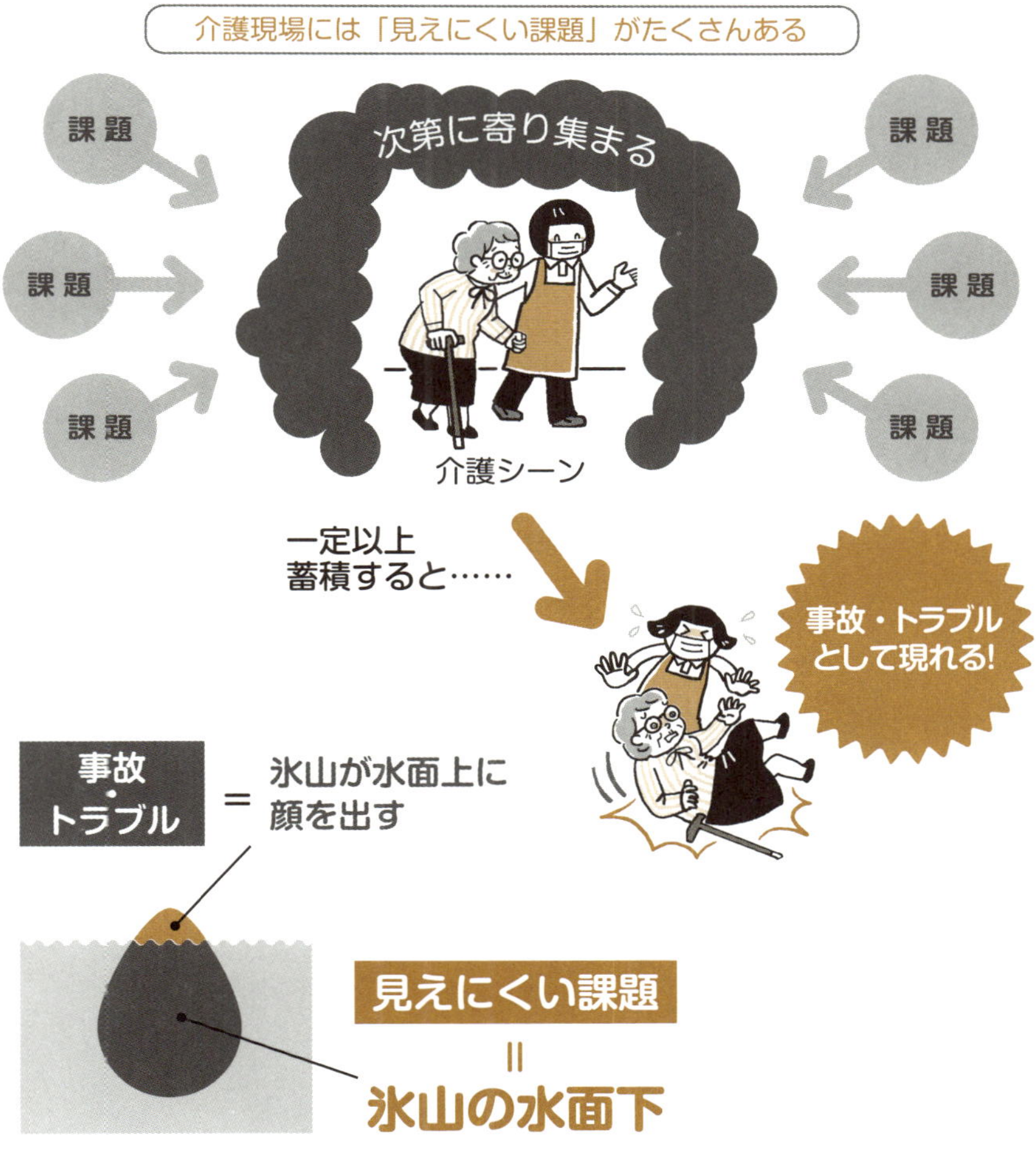

POINT

- 事故・トラブルの多くは「起こるべくして起こる」
- 課題はどこにあるのか。３つのポイントを目安に

Chapter2

02

利用者をアセスメントするだけでは足りない

利用者・介護者・環境の3リスクに注目！

たとえば、介護を進めようとする場合、まず利用者の運動機能や認知の状況がどうなっているかに目を向け、①「**利用者側のリスク**」を把握する必要があります。この部分をきちんとアセスメントしたうえで、「どのような介護をすればいいか」という計画を立てるわけです。

事故やトラブルを防ぐ場合にも、利用者の状況を知ることが大切なスタートラインです。ただし、それだけではリスクを十分に減らすことはできません。事故・トラブルを防ぐには、もう2つのポイントに目を向ける必要があります。

職員の中にあるリスク、周囲にあるリスク

ひとつは②「**介護をする職員側のリスク**」です。たとえば、利用者の運動機能や認知の状況を頭に入れたとしても、それを実際の介護に活かすだけの技能が職員側になければ意味はありません。また、利用者のアセスメント情報を職員に行き渡らせる仕組みがなかったり、慌ただしさの中で申し送りなどが徹底していないと、ふとしたきっかけで事故につながりやすくなります。

もうひとつは、介護をしている「場」、つまり③「**環境に潜むリスク**」です。たとえば、利用者の状態に合った車いす、杖、ベッドなどが備えられていないと、職員の技能だけではカバーしきれません。適切な環境づくりは現場では当たり前の話ですが、「利用者の状態が変化したにもかかわらず、以前と同じ用具や環境設定をしている」場面は時々見受けられます。環境整備が利用者のアセスメントに追いついていないわけです。

事故・トラブルを生み出す３つのリスク

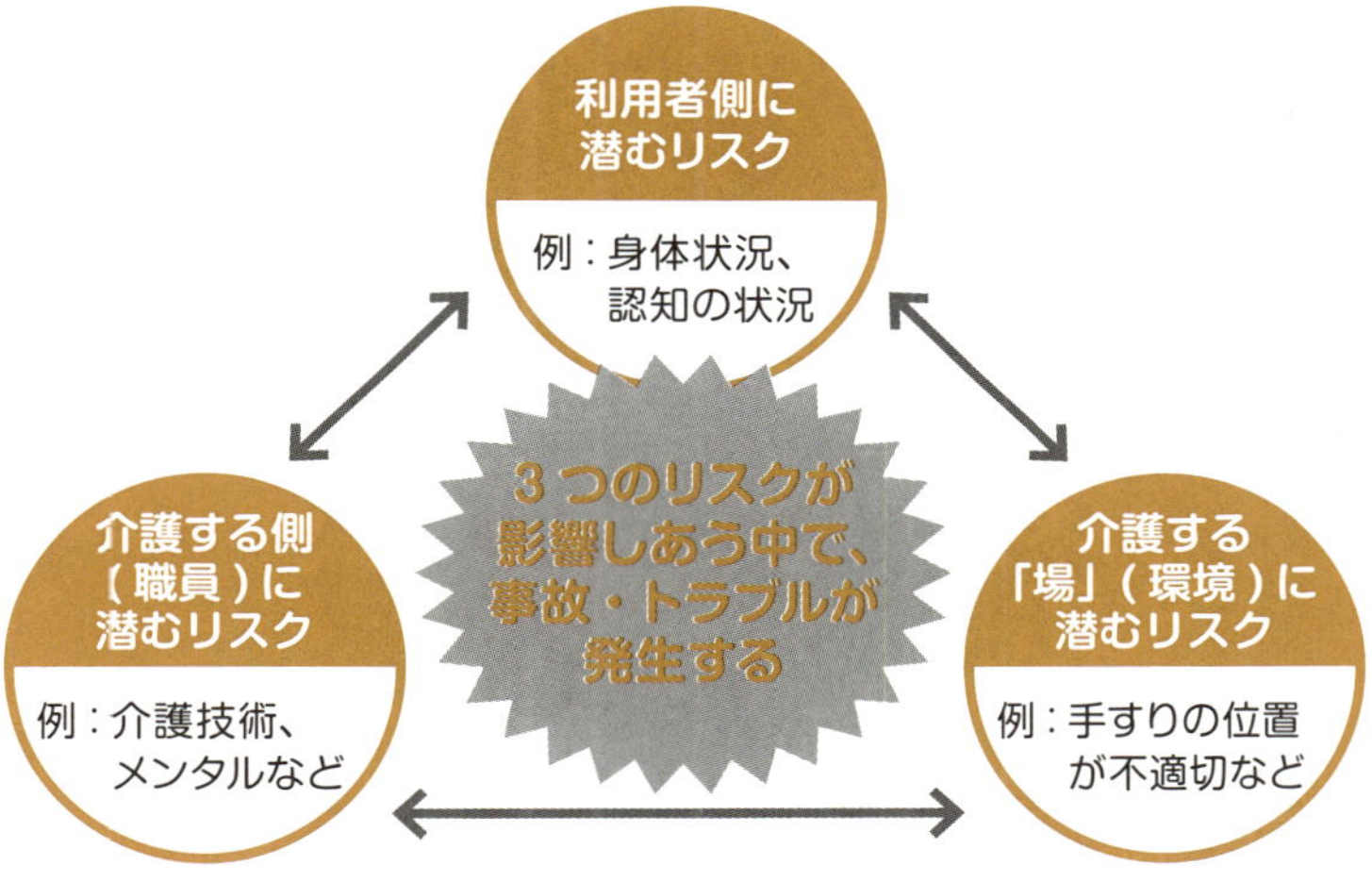

　また、在宅でよく見られる事故として、屋内の整理整頓がなされていないことで、利用者が移動する際何かにつまずいて転ぶというケースがあります。一見片付いているように思えても、古いカーペットの端がめくれていて、そこにすり足状態で足を入れてつまずくこともあります。

本人の価値観や生活習慣にも目を配る

　①の「利用者側のリスク」にも、細かく分けて考えるべきポイントがあります。日常生活動作（ＡＤＬ）は把握できていても、そこに認知の状態が絡むとリスクの大きさは変わっていくからです。たとえば本人の「自分の動作能力」に対する認識が衰えている（失認）と、立位の維持や歩行が難しい場合でも急に立ち上がってしまうことがあります。実際、認知症の人が反射的に立ち上がり、転んでしまう事故も見られます。

　また、その人の価値観や過去の生活習慣がリスクに結びつくこともあります。実際にあったケースを紹介しましょう。自力歩行の難しい人がベッドで端座位をとっていました。そのとき、少し離れた位置にあるテーブル上に本人の好きな本が置かれていることに気づき、ベッド柵に手をかけながら立ち上がって手を伸ばしました。しかし、なかなか届かないまま、いつの間にかベッド柵から手を離してそのまま転倒してしまったのです。

　これは本人が興味をもっているものと、それが置かれてある場所（環境条件）とのバランスが崩れたことで起こった事故と言えます。こうした部分にもリスクが潜んでいる可能性を踏まえて、利用者をよく知ることが必要です。このケースの場合は、テーブルの位置を修正するなどで「事故が起こりやすい状況」を改善できます。

　介護現場では、利用者の身体状況・認知の状況・生活の状況（生活歴など）の3つについて、日々記録をとりながらアセスメントを行っているはずです。このアセスメントは、そのまま事故・トラブルを防ぐうえで貴重な材料になるということを、職員一人ひとりがしっかり頭に入れましょう。

「利用者側のリスク」にもさまざまな種類がある

❶ 身体状況をめぐるリスク

- ■ ADL機能にかかわるもの（歩行能力、姿勢保持能力など）
- ■嚥下など反射的な機能にかかわるもの
- ■疾患や服薬にかかわるもの

❷ 認知状況をめぐるリスク

- ■認知症による記憶・見当識の障害
- ■高次脳機能障害による失認状況など

❸ 価値観・生活習慣をめぐるリスク

- ■独自の価値観に基づく行動
- ■過去の生活習慣にともなう行動

❶〜❸を「理解する」ことが事故・トラブル防止につながる

POINT

- 利用者側リスクだけでなく、職員側・環境にも注目
- 利用者リスクはＡＤＬ、認知の他、生活習慣にも

Chapter2
03

リスクを分析するにはデータが必要！
現場で起こっている出来事を蓄積していく

３つのリスクを正しく知るためには、「何が起こっているのか」をきちんとつかむことが必要です。実際に事故やトラブルが起これば一目瞭然ですが、それを待っているわけにはいきません。

実は、事故・トラブルが起こる前には、その「種」ともいうべき出来事が起こっています。事故やトラブルには至らなくても気になること――いわゆる「ヒヤリハット」という現象です。これを吸い上げることによって、大きな事故やトラブルに結びつくようなリスクを知ることができます。

ハインリッヒの法則を活用する

介護現場に限らず、あらゆる仕事の現場で大きな事故が生じるときには、あるひとつの法則が成り立ちます。大きな事故が1件起こっている影では、29件の小さな事故が起こっていて、さらにすそ野をたどっていくと３００件の不具合（ヒヤリハット）が生じているという法則です。これはハインリッヒの法則というもので、交通事故や航空機事故などでもよく取り上げられています。

この法則に従えば、深刻な事態にいたらない段階の出来事をきちんとつかむことで、「近々大きな事故が起こる」という可能性を予測できるわけです。逆に言えば、小さな事例を見逃がすと、大きな事故を予測できないことになります。

だからこそ、日々現場で起こっていることを（何気ないことであっても）見逃さないようにすることが大切です。たとえば、介護記録や支援経過記録などをルールに則って記しているか、それをチェックする習慣があるか、といったことが事故・

事故・トラブル防止の第一歩は「データ収集」から

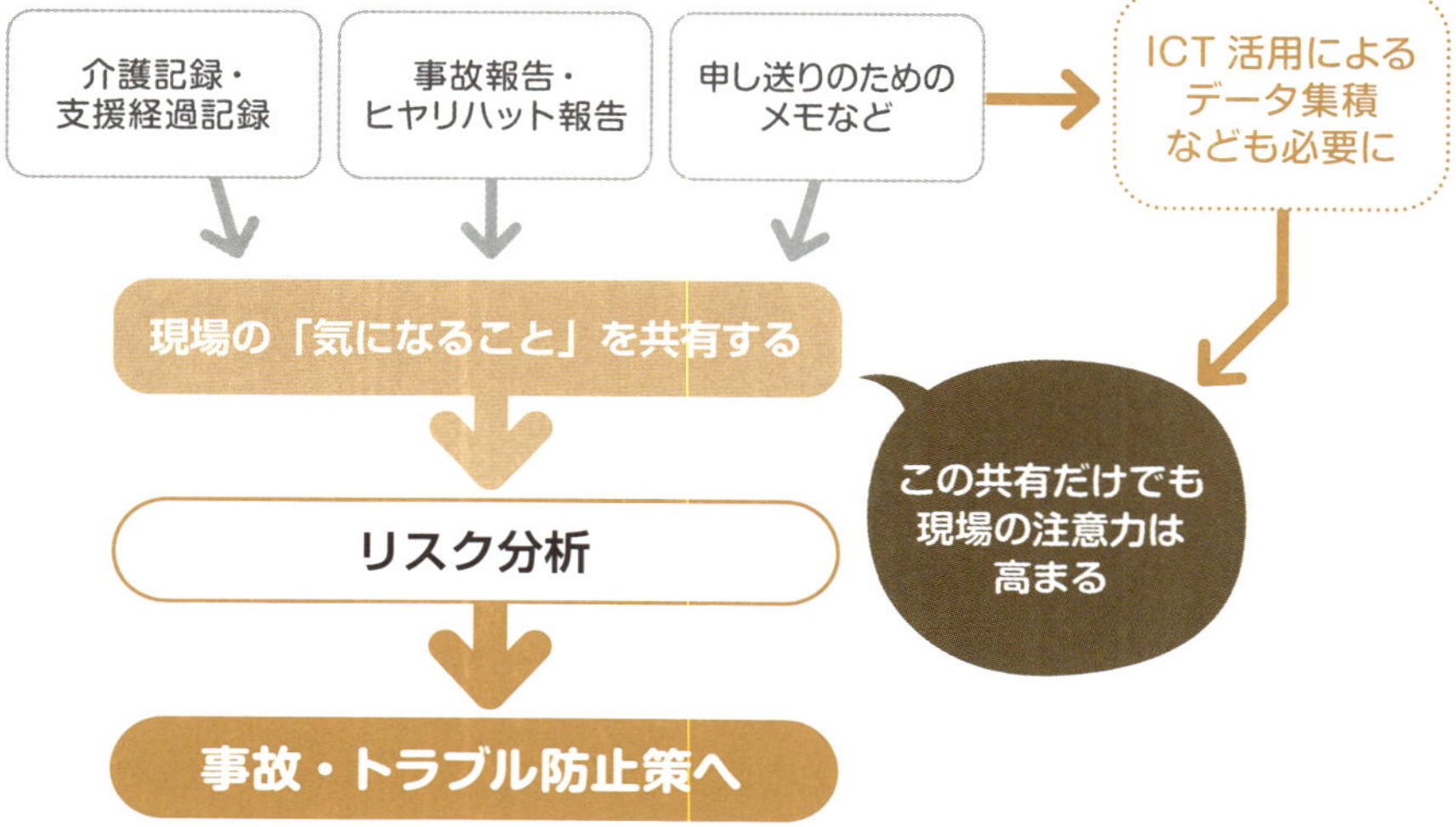

トラブルを防ぐ基本となるわけです。

現場記録から「法則」が浮かんでくる

利用者の日々の言動を観察していて、気になることがあったとします。たとえば、認知症の人が「そわそわするしぐさ」を見せたときは、次に何か行動を起こそうとしているサインであると考えられます。このしぐさが仮に「トイレに行きたいので立ち上がる」という予兆であった場合、本人が自分の立位や歩行といった運動能力を十分に認知できていなければ、そのまま転倒するなどのリスクが高まります。

つまり、そのリスクを「そわそわする」というサインによって察知することができるわけです。

では、どんな時間帯のどんな状況のときに「そわそわする」ことが多いのか。それを記録に残したうえで見直していけば、そこに何らかの法則が浮かんでくることがあります。この予測情報をチームで共有できれば、それだけで事故リスクを大きく減らすことが可能です。

「ハインリッヒの法則」から事故・トラブル防止のヒントを探る

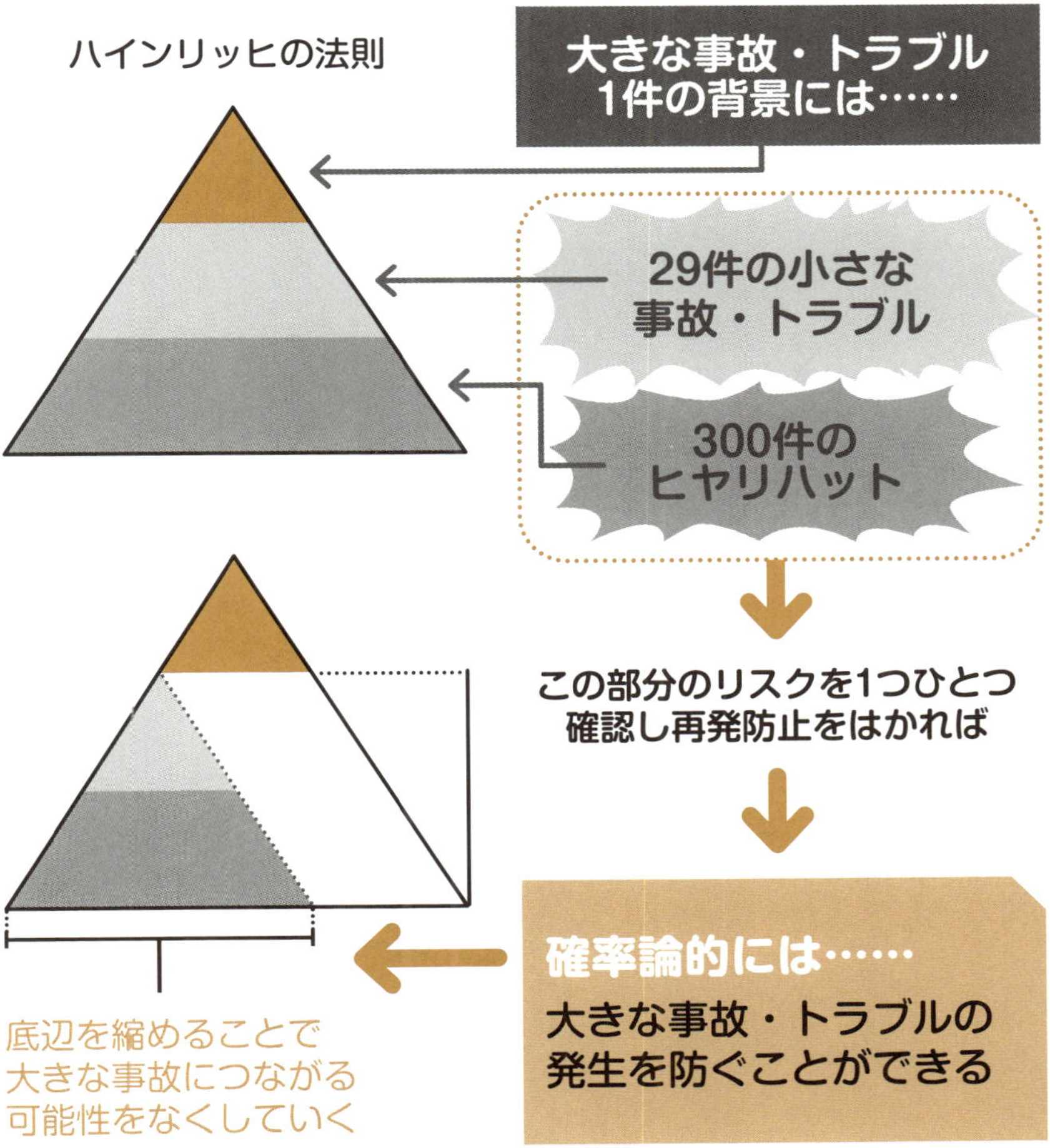
ハインリッヒの法則
大きな事故・トラブル
1件の背景には……
29件の小さな
事故・トラブル
300件の
ヒヤリハット
この部分のリスクを1つひとつ
確認し再発防止をはかれば
確率論的には……
大きな事故・トラブルの
発生を防ぐことができる
底辺を縮めることで
大きな事故につながる
可能性をなくしていく

POINT

- ハインリッヒの法則を頭に入れつつデータ収集を
- 日々の記録こそ事故・トラブル防止データの宝庫

Chapter2
04

どんなデータが事故防止には有効か?

「ヒヤリハット」記録をもっと活用する

多くの介護現場では、「ヒヤリハット」記録を残すことが習慣づけられています。ただし、それが徹底されているかどうかは、施設や事業所ごとに差が見られます。職員によっては、「自分は書いたことがない」という人もいるようです。

前項で述べたように、「ヒヤリハット」記録は、現場でどんなリスクが高まっているかを知るうえで貴重なデータとなります。それが十分に蓄積されていないと、気づかないうちに危険度がふくらんでいき、いつしか大きな事故・トラブルとなって現れます。そうなってからでは遅いのです。

すでに事故なのにヒヤリハット?

そもそも「ヒヤリハット」とは何か、どんなときにその記録を書けばいいのか――このあたりが現場で徹底されていないことが問題です。

ヒヤリハットというと、事故・トラブルには至らないがヒヤリとしたり、ハッとした場面というイメージを描く人が多いでしょう。しかし、何をもってヒヤリとするのか、ハッとするのかは、個人の主観によります。中には、「利用者が転倒したが、ケガはないのでヒヤリハット」と言う人もいますが、ケガの有無はあくまで結果にすぎず、「転倒」という事実はすでに事故にあたります。

このように、ヒヤリハットの範囲がきちんと定まっていないと、事故・トラブルを防ぐための科学的なデータとはなり得ません。まず、何をもってヒヤリハットとするのか（どこからが事故なのか）といった取り決めを、チームの中で定めておくことが求められます。

実は「事故」なのに、「ヒヤリハット」としていないか？

例　Aさんが廊下を歩行中につまづいて倒れたが、すぐ手をついたので外傷なし

「外傷がない」のだから
事故ではない、ヒヤリハットだ

主観のみ

↓

❶ 現に「倒れて」いる
「外傷がない」のは結果論にすぎない！

❷ そもそも「外傷はない」のか？
検査をしてみたら、「ついた手」が
骨折・ねん挫に至っている可能性も！

↓

正確な検査も含めて
事故として記録する

客観性を追究する

POINT

- ヒヤリハット報告を蓄積しないと危険度が膨らむ!?
- ヒヤリハットの範囲を明確にすることから始めよう

Chapter2
05

ヒヤリハットどう記録する？ 事故防止へとつなぐには？

客観的なデータを集めてしっかり分析する

ヒヤリハット記録は、どんなケースで作成すべきなのか。まず、このルールを現場で統一します。

ヒヤリハット記録の目的は「事故・トラブルを防ぐためのデータ」として活かすことです。この原点に立てば、「そのままにしておくと大きな事故・トラブルに結びつく」というシーンに遭遇した場合、その状況は広い意味ですべて「ヒヤリハット」としてデータ保存の対象と考えるべきです。

では、「そのままにしておくと大きな事故・トラブルに結びつく」のは、どんなケースでしょうか。

あらゆる介護事故においては、①「こういう場面でリスクが高まる」という予測を行い、②その予測に対して的確な防止策をほどこせば、理論的には防ぐことができます。つまり、リスクが高まるのは、事前の予測が通用しない「想定外の出来事が発生した」という瞬間です。

仮に、起こった出来事が「利用者側のリスクの想定内」であったとしても、職員が余裕をもって対応に当たれなかったとなれば、それは「介護者側のリスクが想定外」だったことになります。

介護者リスクが想定されなかったケース

たとえば、立位保持の機能を高めるため、ベッドから車いすへの移乗に際して、利用者に「数秒間立位の姿勢をとってもらう」という支援計画があったとします。その際に想定されるリスクとして、起床後間もないタイミングだと「ふらつき」が生じやすいという点が把握されていました。

このリスクは事前に想定されていたので、起床後間もない時間の移乗に際しては、立位の姿勢は

「職員がきちんと本人の身体を支えながら行う」ことを注意点としていました。

ところが、そのとき、職員は用意していた車いすのフットレストを上げ忘れていたことに気づきます。そこで、職員は立位状態の利用者からいったん手を離して、車いすのフットレストを上げました。その一瞬、利用者はベッドサイドの手すりにつかまるだけの状態となりましたが、事前に想定されていた「ふらつき」が生じたのです。

想定外のリスクが浮上したら必ず記録

職員は慌てて利用者の身体を支えたので、ことなきを得ました。しかし、こうした状況が生じたということは、そこに何らかの「想定外のリスク」があったことを考えるべきでしょう。

実は、その職員は入職したばかりの新人でした。しかも夜勤明けで集中力が低下していたのです。この要素が相まって、「フットレストを上げること」を忘れたり、「一瞬なら利用者の身体から手を離しても大丈夫」という油断が生じたわけです。

このように、利用者側のリスクは事前に把握されていたにもかかわらず、それだけではリスク把握は十分ではなかったことになります。職員自身の状況を振り返ったとき、これは「想定外のリスクが生じた」わけで、ヒヤリハットとして記録すべきケースとしてルール化すべきでしょう。

そのうえで、時間帯や「どんな状況で発生したのか」を記録することにより、こうしたケアの場面では、新人や夜勤明けの職員には他の職員がペアでつくといった対応策が上書きされるわけです。

「想定されるリスク」に漏れはないか？

介護計画上の支援内容

例 立位保持の機能を高めるため、ベッドから車いすへの移乗に際して、利用者自身に数秒間立位の姿勢をとってもらう

→

想定されるリスク

「起床後しばらくは半覚醒状態で『ふらつき』が生じやすい」

↓

その場合の立位保持では、ベッドサイドの手すりを握ってもらうとともに、職員が身体を支える

↓

「想定されていなかった」リスク

- 新設の施設なので経験の浅い職員が多い
- 「起床後」の時間帯は夜勤明けの職員が担当するケースも多い

→ 職員のスキル不足や夜勤明けによる集中力低下など**「介護者側のリスク」**が想定されていない

「ヒヤリハット」とは、どんな状況を指すか？

事前の「リスク分析」を共有し、頭に入れる

↓

現場におけるサービス提供

- 主観的に「ヒヤリハット」した状況が生じる
- 事前の「リスク分析」で想定されていない状況が生じている

主観的な状況を受けとめるだけで終わりにしない

こうして「客観的に」発見した状況も「ヒヤリハット」として記録！

POINT

- 想定外の出来事は、本来すべてヒヤリハットと見る
- 事前のリスク把握と実際の出来事のズレをはかる

Chapter2

06

ヒヤリハットを見逃さない目をもつために

介護職に必要な「3つの気づき」を高める

事前の「予測」というものさしがある時点で、リスクをキャッチすることは本来なら主観に左右されにくくなるはずです。しかし、それでも人によっては気づかずに見過ごしてしまうことがあります。そうした事態を防ぐために一人ひとりの職員が伸ばしていきたい能力に着目しましょう。その能力とは「３つの気づく力」です。

洞察力、課題発見力、そして自省力

まずは**①洞察力**です。目で見たものをそのまま受け取るだけではただの観察ですが、洞察はひとつの現象の奥で何が起こっているのかまでを見抜く力です。たとえば、認知症の利用者が「時計を気にする」しぐさは、「(帰宅願望などから)外に出ていこう」という意思の現れの可能性があります。そうした心理状況まで見抜く力が洞察力です。

次に**②課題発見力**です。いつもと変わらぬ現場状況があったとき、それを「問題なし」ととらえるのか、「実は長い目で見ると利用者のＡＤＬを低下させる要素がある」と見るのかによって、ケアの方向性はまったく変わっていきます。いつもの風景に流されずに、そこに何らかの課題がないか掘り下げる力が課題発見力と言えます。

そして**③自省力**です。介護現場での３つのリスクの中には、介護する職員自身のリスクもあると述べましたが、自分の短所（技能が未熟、短気であるなど）というのは気づきにくいものです。そこで、自分の内面を客観的に振り返ることができる力が求められます。「自らを省みる」力ですから、ここでは自省力という言葉を使ってみます。

現場の介護職が鍛えたい「3つの気づく力」

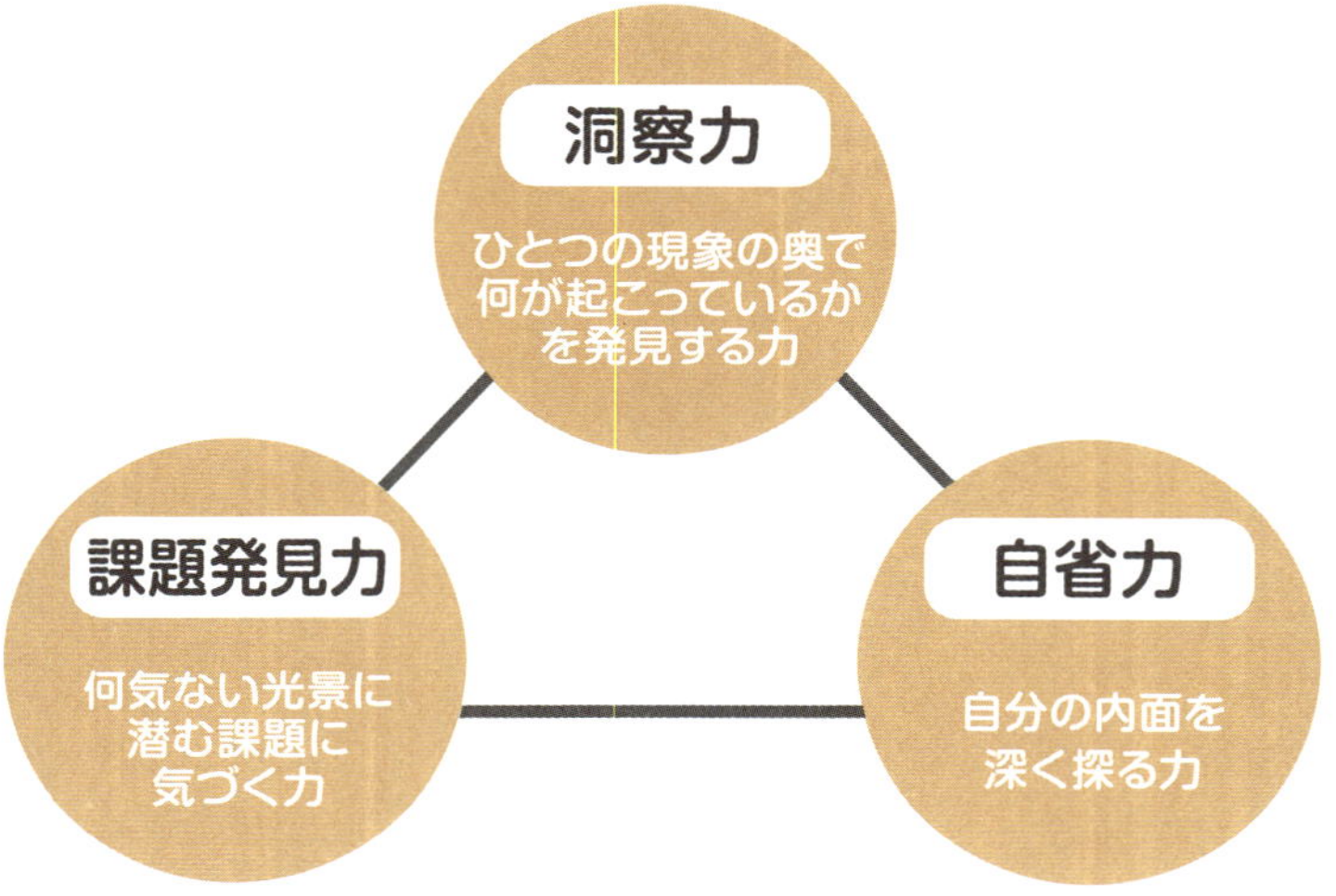

日常生活の中で「3つの力」を伸ばす訓練

この3つの「気づく力」をどのように伸ばしていくか考えてみましょう。日常生活でできる訓練法をそれぞれ3つの力に沿って紹介します。

まず、電車の中で（たまにはスマホ漬けから脱け出て）、周囲の乗客などを観察してみましょう。いろいろな人がいる中、「この人はどんな職業で、これから何をしに出かけていくのか（遊びに行く？　仕事に行く？）」を考えます。服装や持ち物、表情などをヒントにしながら推理することで、洞察力を鍛えていくことができます。

次に、いつも通る道や立ち寄る店といったなじみの行動範囲で、「もっとこうなればいいのに」という課題を探してみます。たとえば、「このお店の飾り付けは、もっとこうすればお客が増えるのでは」といった具合です。このように慣れ親しんだ光景に改善点を見い出すことで、課題発見力が高まります。また、自省力を伸ばすための方法については次ページの図を参照してください。

「自省力」をみがくにはどうすればいい？

❶ 自分の「感情」を分析してみる

たとえば、
「イライラしたこと」「気分が落ちこんだこと」が
あったとして、その状況を思い起こす

▼

本当に**「その対象」**
（イライラした相手、気分の落ちこみを生んだ出来事）
に原因があるのか？

▼

冷静に考えてみると、それほどでもない!?
では、
なぜそういう感情になったのか？

▼

自分の中の過去の記憶や経験が、原因ではないか？

❷ 自分の１日の生活を思い描いてみる

どんなときに
プラスの気分に
なる？

どんなときに
マイナスの気分に
なる？

その感情に
影響を与えている
ものは？

日記に、自分の気持ちの「背景」を書き込んでいくという方法も

POINT

- 予測と事実のズレに気づくための能力を鍛えよう
- 洞察力、課題発見力、自省力を日々磨くことが大切

Chapter2

07

横断的な組織によってリスク対応を強化

法定の事故発生防止委員会をどのように機能させるか

事故・トラブルに結びつくデータを集めたら、それを分析し、発生・再発防止に活かすための機会が求められます。具体的には、事故・トラブル防止のための委員会を立ち上げます。

この事故・トラブル防止のための委員会ですが、施設系サービスでは運営基準で設置が義務づけられています。その他に基準上で定められているのは、①事故が発生した場合の報告と、その分析を通じた改善策を職員に周知徹底する体制を整備すること、②事故防止のための指針を整備すること、③事故防止のための研修を実施すること、そして④委員会の運営および①～③を適切に実施するための担当者を配置することです。

これらの措置が1つでも実施されていない場合、「安全管理体制未実施減算」が適用されます。減算は、全利用者について1日5単位です。

減算防止だけを目的化させない

注意したいのは、これらの規定を確実に事故防止へとつなげるために機能させることです。「減算が適用されなければいい」というのでは、真に事故防止の効果を発揮させることはできません。

その「機能させる」ためには、委員会に事故・トラブルに関する情報を集積させ、発生・再発防止に活かすための分析を集中して行うことが必要です（①関連）。さらに、その分析の結果をもって、そのつど必要な研修プログラムを立案し、現場の事故防止機能を高めます（③関連）。

②の指針についても、トップダウンで策定するだけでなく、状況に応じて柔軟な改編が図れるよ

運営基準上の「事故防止措置」を機能させるには

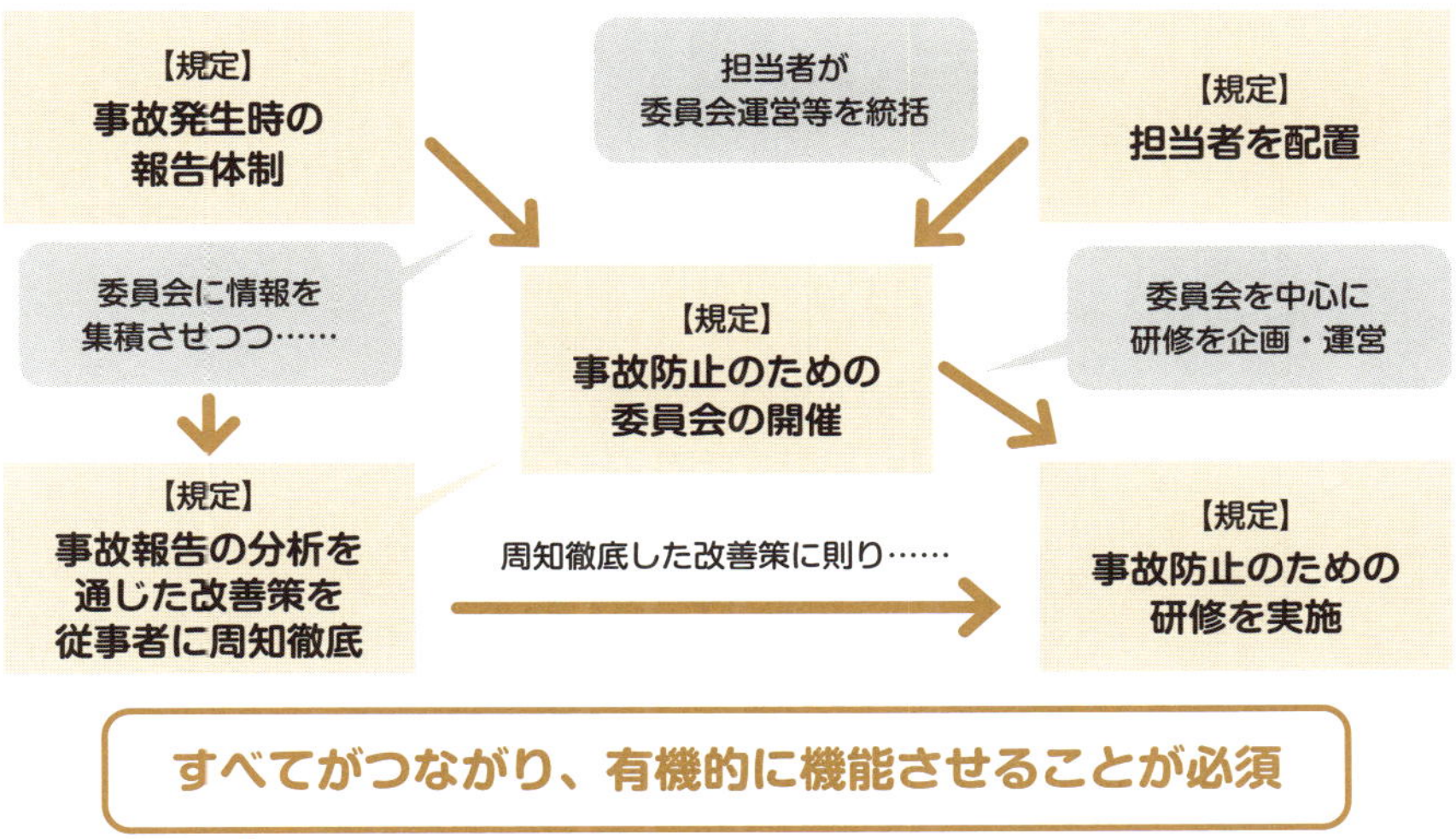

うに、委員会に見直し権限を付与します。

61ページで、委員会において事故防止マニュアルの見直しを行うことを述べていますが、いわば事故防止の「憲法」にあたる指針についても、委員会の関与を強めることにより、事故・トラブル防止の実効性を高めることができます。

委員会は幅広い職種で構成させる

その委員会のメンバーですが、基準上の留意事項では、施設長もしくは管理者をはじめ、幅広い職種で構成することを求めています。

現場で利用者と接することの多い介護職はもちろん、利用者の健康状態を評価する医師、看護師、運動機能等を評価するリハビリ職、栄養状態を評価する管理栄養士・栄養士、さらに、現場の環境整備や人員配置に関して予算や労務管理面からの権限を有する事務長などが想定されます。

介護職については、各ユニット等のリーダー格、もしくは入職3年目以上で、現場の流れが見渡せるスキルが身についた職員を人選します。

事故・トラブル防止委員会のしくみについて

メンバー構成

介護職

各介護チームから
チームリーダーおよび、
入職３年目以上を選抜

＋

医師・看護師

リハビリ職

管理栄養士等

相談援助職

⋮

など

＋

施設長・管理者

事務長

労務担当者

開催するタイミング（オンライン開催も可）

❶ **定期会合**

月１回程度（その間に、法定の担当者を中心とした幹事会で、報告の取りまとめや研修企画の立案等を随時進めておく）

❷ **臨時会合**

・感染症の拡大期（感染症対策委員会との合同開催も可）
・組織内の人事異動や制度見直しなどにより、業務環境が変わって、特にリスクが高まりやすいとき
・大きな事故などが生じ、再発防止が急務なとき

POINT

- **委員会に事故情報を集積して課題を分析する**
- **多職種により、多様な視点からの対策を立案**

Chapter2
08

データ分析から具体的な対応策立案へ

事故・トラブル防止に向けた課題解決の進め方について

まず集めたデータを「時間帯別」「介護の場面別（食事、排泄、入浴といった具合）」「場所別（居室か共有スペースかなど）」に分類します。これを行うだけでも、「どんな時間帯のどんな場面でリスクが高まっているか」が見えやすくなります。

次に、分類した内容から①特に（ヒヤリハット等の）頻度が高い部分、あるいは②重大な事故・トラブルに結びつきやすい部分をとりあげ、これをランクAとします。③感染症のように「季節やその他の状況で危険性が急に高まる」というリスクも、ランクAに位置づけることが必要です。

さらに、中程度の頻度・重大性がある部分をランクB、頻度や重大性は低いが経過を観察することが必要というレベルをランクCとして、ランクが上位のもの（医療用語でいう「トリアージ」に近い考え方）から、集中的に対応を考えます。

ランクAに集中することがなぜ大切か

なぜ優先順位をつけるのか。読者の中には「優先順位が低いリスクが軽く扱われてしまう危険はないのか」と思われる人もいるでしょう。

確かに、どのリスクも均等に扱うことが理想です。しかし、慌ただしい介護現場では、すべてのリスクに対応しようとすると「広く浅く」なってしまい、結果としてもっとも重大性の高い事故・トラブルを根絶できなくなる可能性があります。

また、ランクAに位置されたリスクというのは、その現場が抱えている根っこの課題が潜んでいる場合が多く、そこからランクB・Cのリスクにも波及しているケースが目立ちます。たとえば、「利

データから得られたリスクを３段階に分類

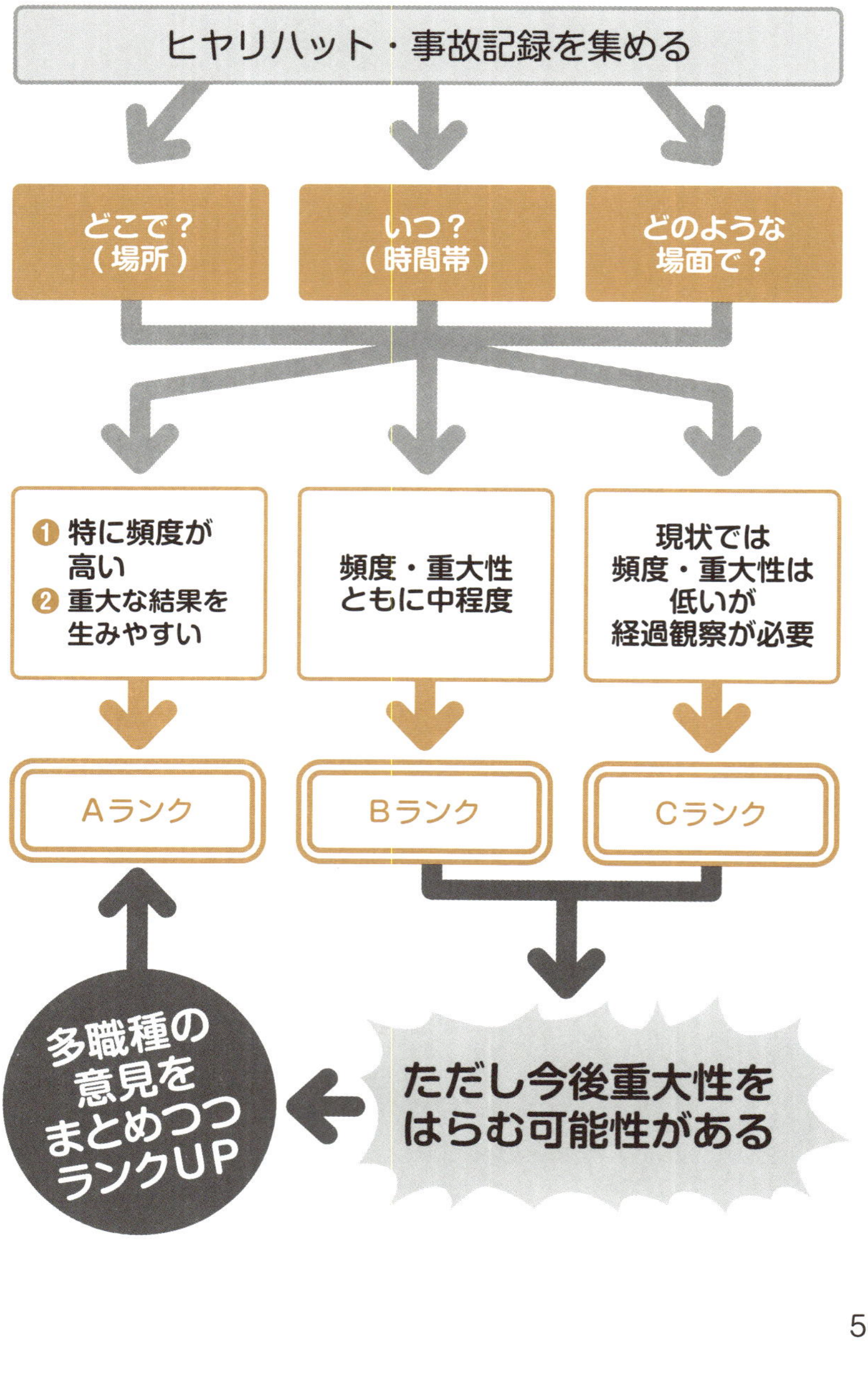

用者が夜間にトイレに立とうとするとふらつき、転倒しやすい」というランクAのリスクは、「夜間」の「居室」で「職員の目が行き届いていない」場面が想定されています。しかし、「日中」に「共有フロア」で「職員の目が行き届いている」ときにも、うたた寝をしている人が急に立ち上がって同じようにふらつくことがあります。

後者が仮にランクCに位置づけられていても、ランクAで「本人の睡眠や排泄のサイクルにあわせて、見守りの体制をとる」という対応が徹底されていれば、「日中でも同様のことが起こる可能性がある」という職員の啓発につながります。「3つの気づき」の中の課題発見力が養われることで、こうした事故の防止につながるのです。

つまり、ランクAへの集中的な対応は、職員の「気づく力」を高め、結果としてランクB・Cへの対応力も高めていくことになります。

課題の奥に「もうひとつの課題」!?

ランクAのリスクが設定されたら、課題の根っこはどこにあるのかを「本人・介護する職員・環境」の3つの視点で掘り下げていきます。

ここで問題なのは、「これが課題の根っこだ」と思った部分のさらに奥に「もうひとつの根っこ」が潜んでいるケースがあることです。

たとえば、誤薬（分類ミスなどで間違った薬を利用者に渡してしまうなどのケース）のリスクがあったとして、申し送りの体制や看護師によるチェック体制の強化が「課題の根っこ」としてあがったとします。しかし、そのリスクの中には、実は「夜勤明けで集中力が低下した介護・看護職員が服薬にかかわる」という状況——つまりもうひとつの課題の根っこが潜んでいたりします。

となれば、委員会で課題分析を進める際には、できるだけ違った見方が出てくるように気を配ります。口頭での意見のみだと「違った見方」に気づいたとしても、その場の雰囲気によってはなかなか言い出しにくい場合もあるからです。職場内ネット等で意見収集をはかるなど、やり方を工夫しましょう（詳細は次ページの図を参照）。

委員会における課題分析の進め方

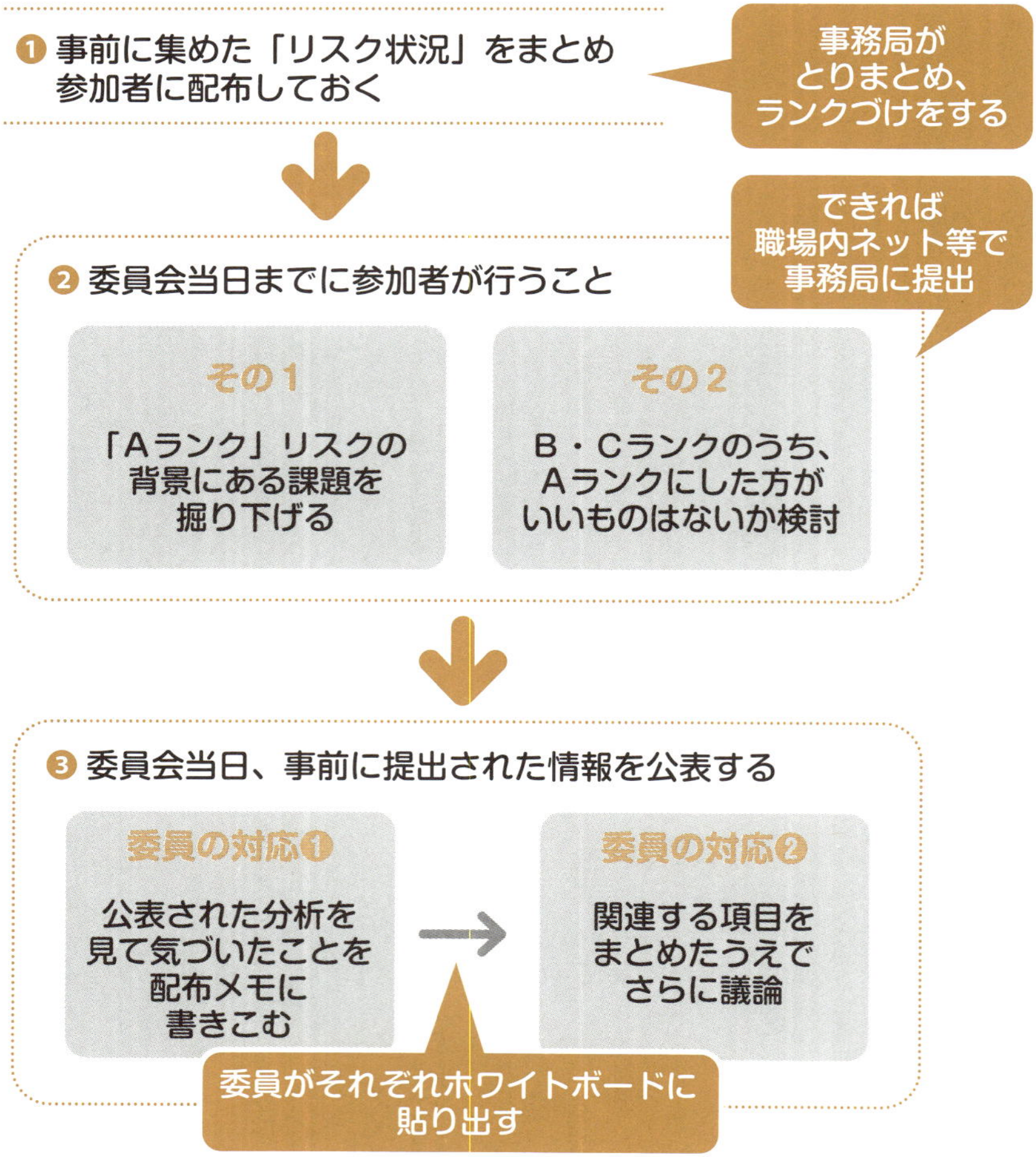
❶ 事前に集めた「リスク状況」をまとめ参加者に配布しておく
事務局がとりまとめ、ランクづけをする
できれば職場内ネット等で事務局に提出
❷ 委員会当日までに参加者が行うこと
その1
「Aランク」リスクの背景にある課題を掘り下げる
その2
B・Cランクのうち、Aランクにした方がいいものはないか検討
❸ 委員会当日、事前に提出された情報を公表する
委員の対応❶
公表された分析を見て気づいたことを配布メモに書きこむ
委員の対応❷
関連する項目をまとめたうえでさらに議論
委員がそれぞれホワイトボードに貼り出す

POINT

- 委員会で集めたデータを緊急性に応じて３分類する
- ランクＡへの集中対応はＢ、Ｃへの対応力も高める

Chapter2
09

事故・トラブル防止策をどう現場に浸透？

マニュアルの仕上げから現場での共有へ

課題に対してどう対応するかは、多職種によるアイデアのもち寄りが大切です。たとえば誤嚥事故を防ぐ場合、食事の形状から日常的な嚥下訓練、食後の口腔ケアなど、さまざまな方法を組み合わせてひとつのケアの流れを築くことが求められます。その場合、看護師、栄養士、リハビリ職がもっているノウハウを寄り集めることで、全体として事故防止をはかるマニュアルが完成します。

ケアの場面ごとにマニュアルへ誘導する

このマニュアルは、①各担当者から課題解決策を出してもらう、②それを委員会の幹事がまとめて原案をつくる、③原案を再び委員会にかけて修正意見を集める、④③の意見を反映させるという流れで仕上げていきます。

マニュアルが完成したら、それを現場が活用しやすいように編集しましょう。ポイントは「どんなケースのときに、マニュアルのどの部分を見ればいいか」がきちんと整理されていることです。

一例としては、ケアの場面ごとに整理して「○ページを参照」という具合に誘導するやり方があります。「ベッドから車いすへの移乗」という場面であれば、「移乗時の転落防止」や「利用者の身体に負担を与える事故の防止」という部分の記述に誘導するといった方法です。ＰＣ上でデータベース化しておくと、検索も容易になります。

現場で介護計画などを立てる際は、必ず関連するマニュアル箇所を確認したうえで、計画内の注意点に転記します。これを行うことで、職員の頭にルールとして浸透させやすくするわけです。

「課題」に対して、多職種の視点で解決策を

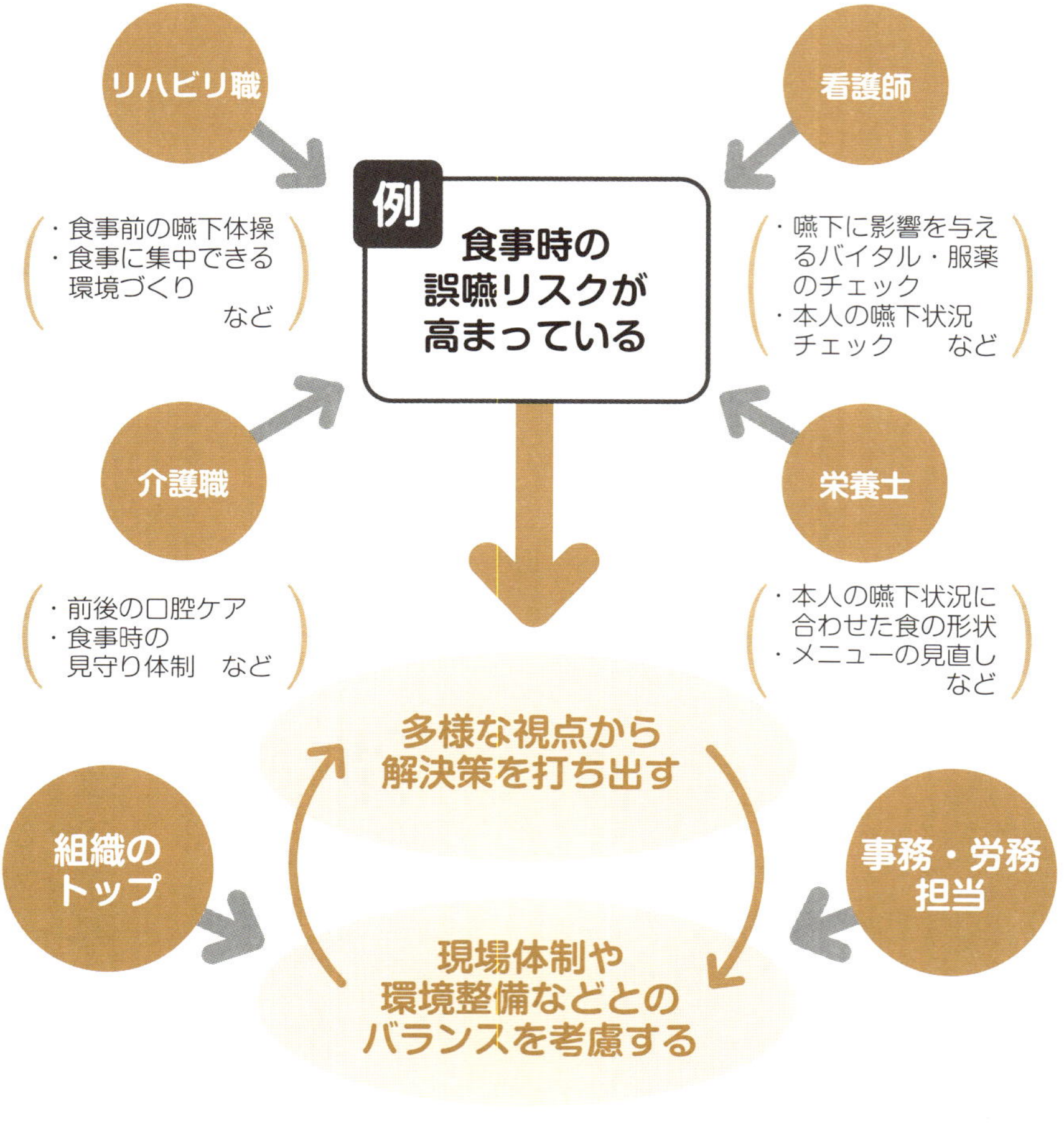

POINT

- 多職種連携でマニュアル立案→再度意見を求め修正
- 現場で使いやすいよう「ページ誘導」などの編集を

Chapter2
10

マニュアルは「動かして」こそ生きるもの PDCAサイクルで常に修正・上書きを

　現場での事故・トラブルのリスクは常に動いています。たとえば、ＧＨで利用者の入退居がほとんどない場合、いっせいに重度化が進むことも考えられます。その際には、自身の運動機能に対する認識と実際の機能のズレが大きくなり、転倒リスクなども一気に高まってしまいます。

　こうした変化があるにもかかわらず、マニュアルがまったく見直されていないとなれば、事故・トラブルを防ぐ効果は薄くなります。現場としても、「マニュアルに頼れないから、一つひとつ対応していくしかない」という状態になり、かえって業務の負担が増える危険も生じます。

　事故・トラブル防止委員会としては、新たに報告されたヒヤリハット事例などをもとに定期的にマニュアルの見直し作業を進めましょう。

マニュアルが実態と合っているかを評価

　ここで必要になるのが、現場の職員の頭の中に「ＰＤＣＡサイクル」を働かせることです。これは、Ｐ（計画）→Ｄ（実行）→Ｃ（評価）→Ａ（改善・修正）という流れを経て、新たなＰ（計画）につなげていくというサイクルです。

　たとえば、ひとつのマニュアルが完成して現場に渡されたとしたら、次にこれを参照しつつ現場の介護計画をつくり、実行したうえでモニタリング（評価）を行うという流れになるはずです。その際に、マニュアルが「事故・トラブル防止の効果をあげているかどうか」も評価し、ヒヤリハット報告などと一緒に委員会に上げていきます。

　委員会は、現場からの「評価」（この部分は現

現場で「使いやすい」マニュアルを工夫する

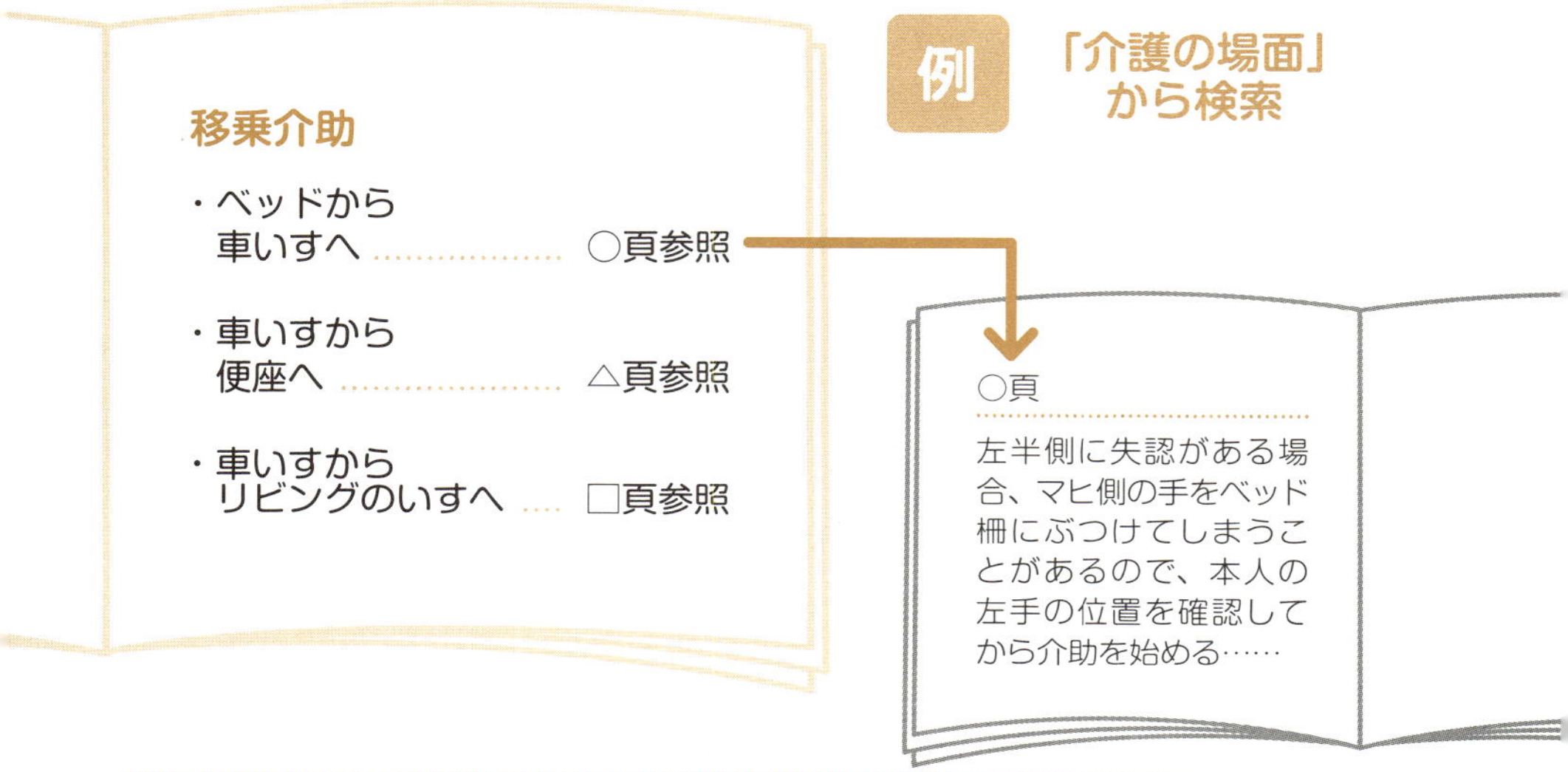
例
「介護の場面」から検索
移乗介助
・ベッドから車いすへ……○頁参照
・車いすから便座へ……△頁参照
・車いすからリビングのいすへ……□頁参照
○頁
左半側に失認がある場合、マヒ側の手をベッド柵にぶつけてしまうことがあるので、本人の左手の位置を確認してから介助を始める……

場の実態と合っていない、など）を受け取ったうえで、マニュアルの見直し作業を進めます。この現場からの「評価」は、業務環境の改善などを組織のトップに伝える材料にもなります。特に、制度改正や基準改定などによって現場に何らかの構造改革が必要とされるときには重要です。

また、現場の職員の「気づく力」を高めるという点でも、マニュアルのチェックは有効です。渡されたマニュアルにただ従うだけではなく、「マニュアルと実態が離れていないか」ということを常に検証することで、現場に隠れている課題をしっかりと見つめる力がつくわけです。

根っこの課題に「気づく」には、利用者の生活をきちんと見なければなりません。これができないと、「利用者の行動を抑制する」という法令違反にもつながる風土が生まれがちです。

本当の意味で事故・トラブルを防ぐには、利用者の生活を理解したうえで「先回り」のケアをすることが必要です。それは利用者の生活の質を高めることにもつながります。

ＰＤＣＡサイクルでマニュアルの評価を

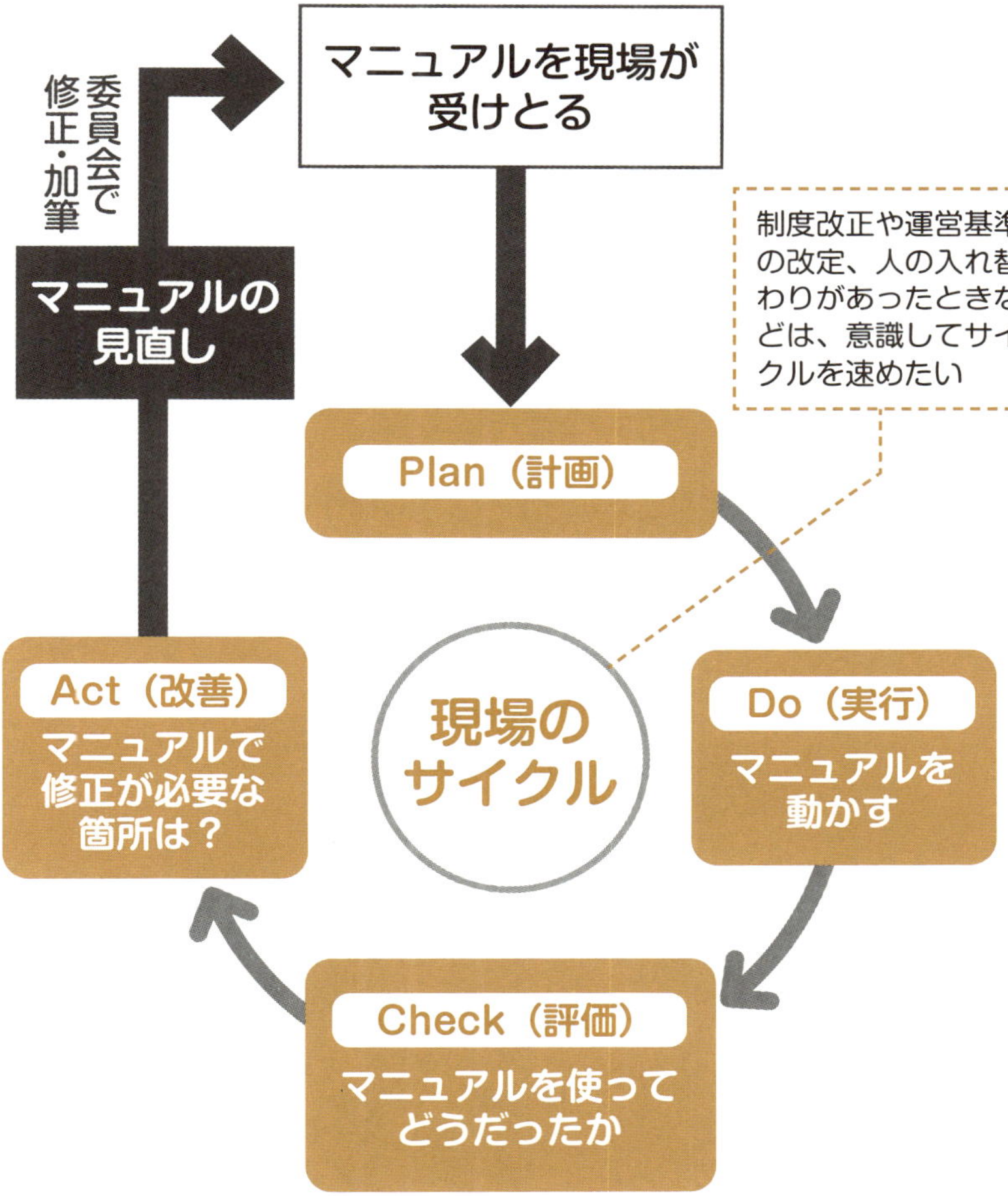
マニュアルを現場が受けとる
委員会で修正・加筆
マニュアルの見直し
制度改正や運営基準の改定、人の入れ替わりがあったときなどは、意識してサイクルを速めたい
Plan（計画）
Do（実行）
マニュアルを動かす
Check（評価）
マニュアルを使ってどうだったか
Act（改善）
マニュアルで修正が必要な箇所は？
現場のサイクル

POINT

- リスクは常に動いている。マニュアルも更新が大事
- ＰＤＣＡサイクルをもって日々見直しの習慣を

Chapter
3

【応用編】

介護現場で多い事故・トラブルを防ぐ実践

事故・トラブル防止の「基本」を理解したうえで、実際に現場で起こっているケースに対し、具体的にどう予防・対応するかという「応用」に入ります。

介護現場の事故・トラブルでもっとも多い「転倒・転落」に始まり、重大な結果をもたらしやすい「誤嚥」、そしてストレートに職員の責任が問われやすい「介護ミス」など。これらのリスクは、自立支援の強化が問われる中で、変動していくことも考えられます。加えて、認知症の利用者に生じがちなケースや多様な感染症、交通事故、火災など、社会的にも注目のまとになりやすい事故・トラブルもとりあげます。

こうした事故の直接的な原因はさまざまです。しかし、防止に向けては、いずれも「基本編」であげた「リスクを早期に発見して、チームで情報を共有しながら対応策を練る」という流れは共通します。

また、最後に「介護職員による虐待や違法行為」なども取り上げますが、これも「個人の資質によるもの」と見切るのではなく「組織のどこかに問題がある」という見方が求められます。事故・トラブルは、あくまで「組織内にひそんでいるリスク」が表に出たケースであり、その根っこの部分に目を向けなければ根本的な解決にはいたらないことを心得たいものです。

介護現場につきまとう最大のリスク

なぜ、「転倒・転落」事故が起こる?

介護現場で起こる事故ケースで、もっとも目立つのが「転倒・転落」です。介護事故・トラブルの都道府県単位でのデータによれば、転倒事故が約6割、転落事故が約1〜2割と、両者をあわせれば全体の7〜8割を占めることになります。

高齢の要介護者の場合、反射神経が衰えているためにとっさに受身の体勢をとることが難しく、頭を打つといった危険が高まります。また、骨密度が低下している利用者であれば、身を防ぐために出した腕を折ったり、腰部を打つことで大腿骨頸部を骨折するケースもあります。

いずれにしても、ひとたび「転倒・転落」事故が生じると、全身の運動機能を大きく損なう可能性が高まります。骨折の治療がうまくいっても、その後のリハビリの経過によってはやはり運動機能がなかなか回復しないこともあります。頭などを打った場合、硬膜下血腫を引き起こすなど、最悪の場合は命にかかわりかねません。

身体を支える重心のズレが事故を呼ぶ

利用者の状態に大きくかかわってくる「転倒・転落」事故を防ぐには、どうすればいいでしょうか。基本編で述べたように、事故を防ぐには「どこにリスクがあるのか」を知る必要があります。そこで、転倒・転落事故がどのような仕組みで起こるのかを頭に入れるところから始めましょう。

人が座ったり、立ったり、歩いたりする場合、身体の位置を保つためには、まっすぐ下に降ろした重心が足元を支えている面に入っていることが必要です。つまり、身体が前後左右に傾いて重心

転倒・転落事故で利用者にどのような影響が？

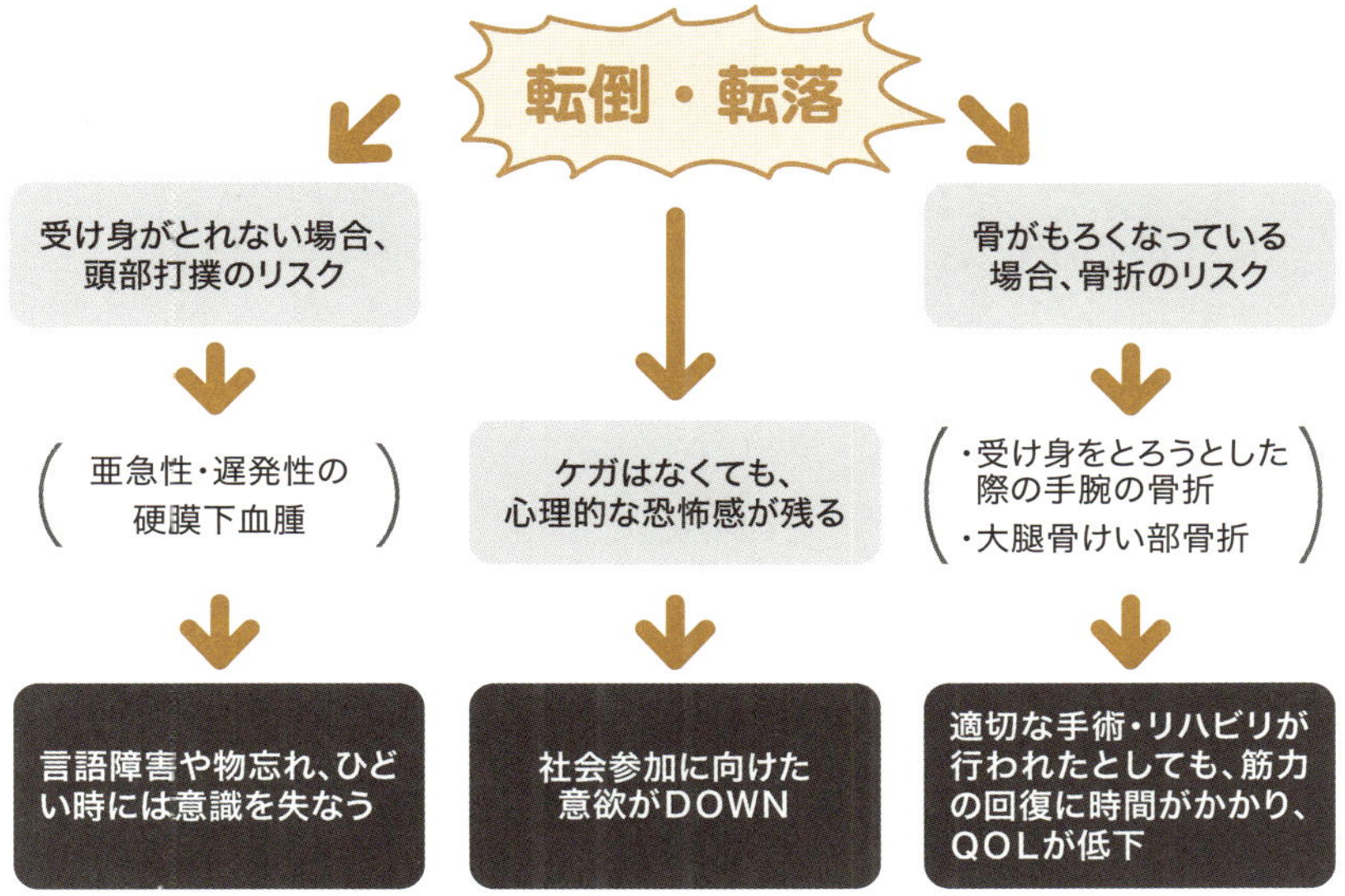
転倒・転落
受け身がとれない場合、頭部打撲のリスク
骨がもろくなっている場合、骨折のリスク
亜急性・遅発性の硬膜下血腫
ケガはなくても、心理的な恐怖感が残る
・受け身をとろうとした際の手腕の骨折
・大腿骨けい部骨折
言語障害や物忘れ、ひどい時には意識を失なう
社会参加に向けた意欲がDOWN
適切な手術・リハビリが行われたとしても、筋力の回復に時間がかかり、QOLが低下

がズレてしまうと、そこで身体全体のバランスが崩れて姿勢を保つことが難しくなり、下半身が身体を支えきれず転倒・転落にいたるわけです。

どんなときに重心がズレやすいのか？

それでは、一体どんな場面で重心の位置がずれやすくなるのでしょうか。

ひとつは歩行時です。歩行というのは、重心を移動させながら行いますが、足腰の運動能力が衰えていると、「身体は前へ行こうとしている」にもかかわらず足腰がついて来なくなることがあります。ここで重心の位置がずれるわけです。また、立ち上がるなど、何かしらの動作を始めようとする場合でも同じことが起こり得ます。

もうひとつは、立っている・座っているなど身体を静止させている状況です。このとき、利用者の身体を支える筋肉（体幹筋）が衰えていると、重力に逆らいづらくなり、少しずつ身体が傾いたりします。身体が傾けば重心の位置もずれてしまうため、転倒や転落のリスクが高まります。

「重心のズレ」が転倒・転落事故を呼ぶ！

人が歩行・立位・座位の姿勢を正常に保てているとき

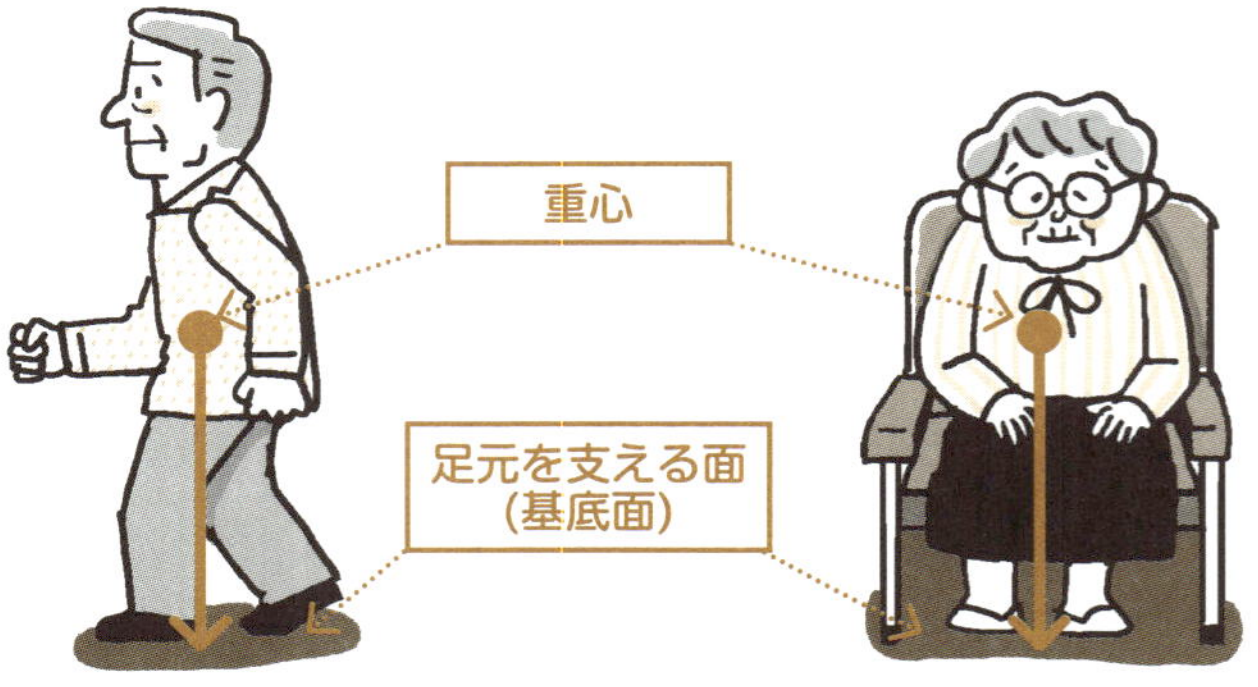

重心と基底面が何らかの原因でズレてしまったとき

身体は前に行こうとしているのに、足腰がおいつかない

少しずつ座る姿勢がズレていく

こうした状況で転倒・事故のリスクが高くなる

POINT

- 事故の大半を占める転倒・転落。甚大な被害も想定
- 身体を支える重心のズレが、転倒・転落の最大要因

転倒・転落 12

もっともリスクが高まる瞬間とは？

重心がずれやすいタイミングに注意

重心のズレが転倒・転落事故を呼び起こすとすれば、利用者がどのような状態のときに「重心がズレやすいのか」を考えることが事故防止の第一歩です。ポイントは、「足腰の運動能力」や「体幹筋」の衰えるタイミングです。

もっとも注意すべきは、慢性疾患の悪化や急性疾患（あるいはケガ）によって、一定期間の安静状態が続いたあとです。高齢者の場合、入院中の安静状態などで身体を動かさない期間がある程度続くと、急速に筋力や運動能力が低下します。その見立てが甘いと、「ここまでは動ける」という予測と「実際の筋力」にズレが生じてしまいます。

また、認知症で自身の運動能力に対する認識が衰えている人の場合、「ここまで歩ける」と思った所まで足腰の移動が追いつかず、やはり重心のズレが生じやすくなります（134ページ参照）。

自律神経系のはたらきにも注意を

もうひとつ注意したいのは自律神経の働きです。人は日中何らかの活動をしているとき、交感神経がその活動をつかさどっています。逆に、寝ているときには交感神経も活動を低下させています。

しかし、目覚めたからといって、すぐに交感神経がスムーズに活動できるわけではありません。交感神経が十分に活動を始める前にベッドから立ち上がったりすると、自律神経が乱れた状態となり、身体のバランスを崩すことがあります。

夜中にトイレに起きたときなどに転倒しやすいのは、自律神経の働きが不十分だからです。こうした神経系のリスクにも気を配ることが必要です。

利用者の生活の流れと転倒・転落のリスク

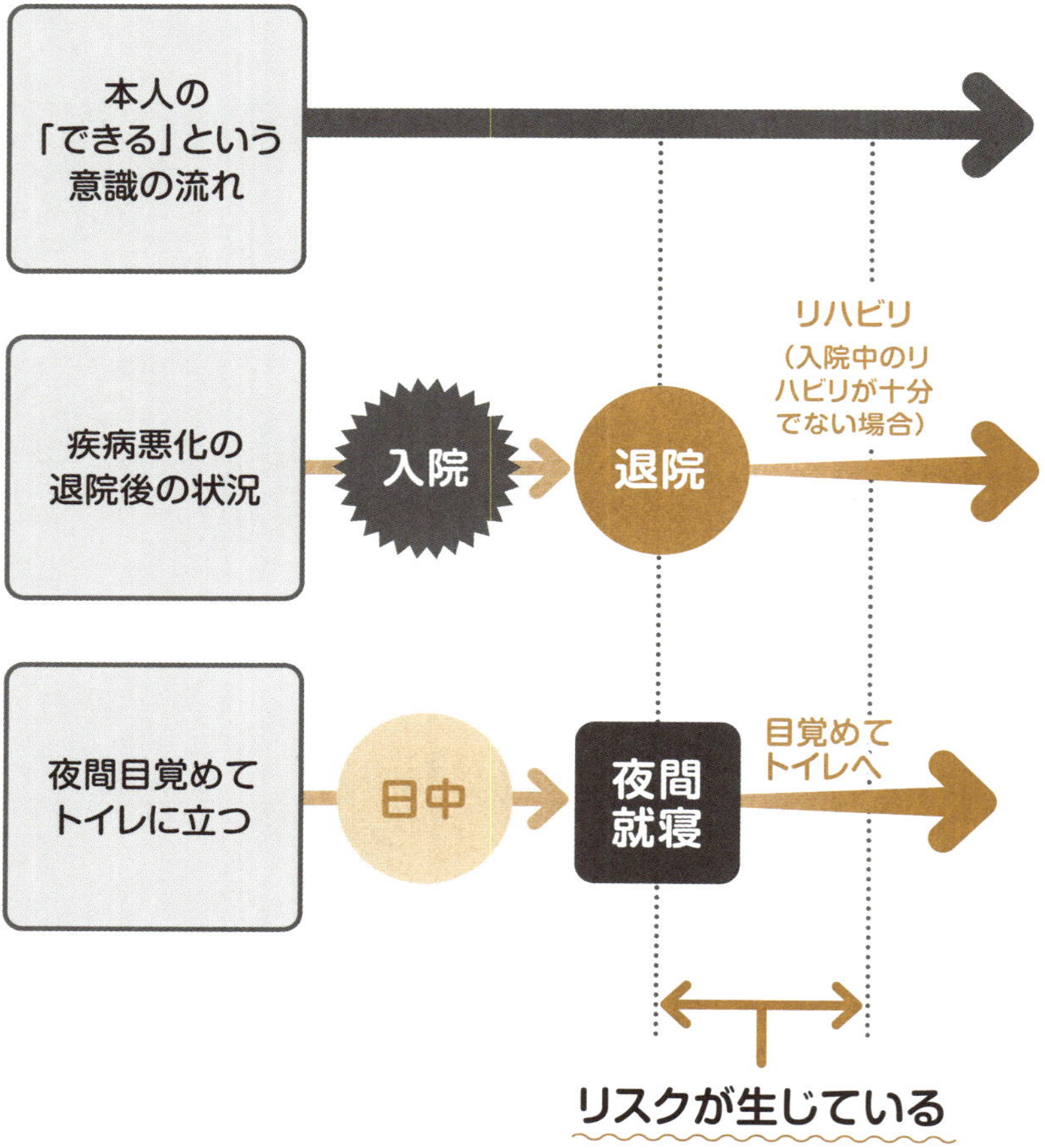

POINT

- 疾患の治療経過によって重心のズレが増すことも
- 自律神経が乱れることによる「ふらつき」にも注意

行動の「制御」がリスクを高めることも
利用者の生活反応にも注目していこう

重心のズレや身体のバランスが整っているケースでも、転倒・転落事故が起こる場合があります。その多くは、「外から何らかの力が加わる」ことによって生じます。ここに、利用者側のリスクだけでなく、「外からの力」となる介護する側のリスク、環境のリスクが影響してくるわけです。

と言っても、こうしたリスクは「誤って利用者にぶつかってしまった」などという、外からの直接の力が事故を呼ぶケースだけではありません。

たとえば、利用者の身体を支えようとして、それに対して利用者が何らかの理由で拒否反応を示した場合、そこで重心や身体のバランスを崩すことがあります。利用者には意思がありますから、その意に反したアクションに対して、防御や抵抗の行動を示すことを念頭に入れておきましょう。

「利用者のため」が逆の結果を生む

この点を考えたとき、利用者の安全のためにという意図でその行動を制御しようとすると、かえってリスクが高まることがあります。たとえば、「そっちに行くのは危ないから」と腕をつかんで引き寄せたとします。それを拒否するために手を振り払おうとしたとき、誤って身体のバランスを崩してしまうということも起こり得るわけです。

また、自立支援介護が強化される中で「利用者の意志に沿わないリハビリなどを強要していないか」にも注意が必要です。たしかに「その人のできること」を伸ばすのは大切ですが、本人と十分なコミュニケーションがとれないと、先のような拒否反応から事故につながる恐れも出てきます。

「外からの力」が加わることで本人の行動は変化する

外からの力

例

- 手を引き寄せる
- いきなり声をかける
- 強い関心の対象
- コミュニケーションが十分にとれていない中でのケア

反発しようとして動作のバランスが崩れる

びっくりして反射的な行動

強い関心事にひかれ動作の集中力が低下

本人の意識と行動にズレが生じることでバランスが崩れやすい

POINT

- 利用者との意思疎通が不十分な介助はリスク大
- 安易な行動の制御は、かえってリスクを増やす

転倒・転落

14

生活反応まで頭に入れた行動予測を

利用者のアセスメントのとり方とは?

ここまでの「転倒・転落」事故ケースを振り返ってみると、利用者側のリスクをどうはかるかについては幅広い見方が必要ということがわかります。

まず、利用者のＡＤＬ（日常生活動作）ですが、単に本人の歩行能力や立ち上がりの動作、姿勢維持の状態などを見るだけでなく、「そのときに重心のズレが生じる可能性」にも目を配りましょう。

たとえば、自立して歩行できる状態であっても、「本人が前へ行こう」とする意思と「そこに足腰が追いつこう」とする感覚の間にすきまがあると、重心が少しずつずれたりします。つまり、その人が「自身の足腰の衰え」をきちんと認識できているかどうかに着目しないと、足腰の状態だけ測定しても転倒リスクが生じるわけです。

また、本人に神経痛や腰痛などがある場合、「痛み」をカバーしようとして、姿勢を崩しやすくなります。いすや便座などに座っている際にこうした姿勢のズレが少しずつ進んでいくと、座る位置が不安定になって転落事故などに結びつきます。

服薬や疾患の状況にも注意を

自律神経が乱れることによる「ふらつき」についても、予測するための切り口があります。特に、服薬状況や持病の悪化が自律神経にどのような影響を与えるかを確認していきましょう。

睡眠導入剤を服用している場合、起き抜けにぼんやりして、ふらつきの頻度が増すことがあります。抗不安薬などを服用している場合の歩行時も同様です。こうした服薬との関係について、看護師と一緒に確認しておきましょう。

身体のバランスを崩しやすい本人のさまざまなリスク

また、糖尿病の人で神経障害などの合併症がある場合、食事中または食後すぐに低血圧を起こすことがあり、食事を済ませて立ち上がったとたんにふらついて転倒してしまうケースも見られます。もちろん、パーキンソン病の人も立ち上がったとたんに起立性低血圧を起こすことがあり、一つひとつの動作に気を配ることが求められます。

利用者の心理を深く知ることも大切

アセスメントがとりにくいのは、その利用者特有の生活反応によるリスクです。これは、人の性格や過去の生活習慣、価値観にもとづくことが多く、「その人のことをいかに深く知ることができるか」が大きなポイントになってきます。

たとえば、自立心が旺盛な人の場合、さまざまな生活動作を行う際に「人の手を借りる」ことを極端に嫌がるケースがあります。こうした心理については、事前の家族からの聞き取りの他、その人を理解するまで短期集中で「見守り」をし、現場での情報共有をはかることが必要です。

転倒・転落リスクを測るためのアセスメントのとり方

❶ 本人のADL状況	◯ 日常生活動作の様子	▶ 歩行・立位・座位など
	◯ 筋力の状況（サルコペニアの状況）	▶ リハ職からデータを
❷ 疾患の状況や体調	◯ 既往症と運動機能に与える影響	▶ 医師・看護師から情報を
	◯ 日々のバイタル状況	▶ 食後・入浴後などの変化に注意
❸ さまざまな「痛み」や「認知」の状況	◯ 「痛み」にかかわる既往症	▶ 医師・看護師から情報を
	◯ 認知症の中核症状の進行など	▶ 認知症専門医などから情報を
❹ 服薬の状況	◯ 薬の種類と運動機能に与える影響	▶ 医師・看護師から情報を
	◯ 服薬前後の状態	▶ 上記の情報を頭に入れて確認
❺ 本人の生活習慣や価値観	◯ 本人の生活歴や元気だった頃の生活習慣	▶ ケアマネジャーや家族から情報を
	◯ 日々の本人の言動・態度	▶ 介護記録の中から随時抜き出す

POINT

- ＡＤＬの自立度が高くても認識のズレが事故を呼ぶ
- 疾患や服薬の状況、本人の生活習慣にも着目する

介護する側のリスクはどこにあるか？

生活動作を予測できる目を養うために

前項のアセスメント情報は、現場のチーム全体で確認するとともに、「転倒・転落のリスクが高まっている」（ヒヤリハットに関する記録が増えているなど）場合は、そのつどカンファレンスを開きながら情報の加筆・修正を行います。

特に注意したいポイントについては、申し送りシートや使用する介護ソフトに随時記したり、ステーション内の目につく場所に掲示します。

ペアを組んでの随時のＯＪＴを行う

ある特養ホームでは、職員用のＰＣを立ち上げた際に、ホーム内ネットに書き出された情報画面が最初に表示されるという仕組みをとっています。これにより、その日の業務のスタート時にリスク情報が必ず目にふれることになるわけです。

ただし、アセスメント情報の共有だけをはかっても、現場での対応に活かされなくては意味がありません。大切なのは、事前情報を頭に入れたうえで、現場での注意力向上に結びつけることです。

たとえば、重心移動がうまくいかないゆえに転倒・転落のリスクが高まるというケース。これを口頭による注意伝達だけで進めても、職員によって「事故を予測する」能力に差が生じます。

そこで、歩行や立ち上がり、移乗の介助に際して、ベテラン職員とキャリアの浅い職員がペアを組んでＯＪＴ（オン・ザ・ジョブ・トレーニング）を随時行うことも求められます。

また、リスクの高い利用者の生活動作を動画撮影し※、カンファレンスに際して「目で見て確認する」という機会を設ける方法もあります。

※必ず、利用者本人・家族の許可を得て撮影します。

転倒・転落のリスクを現場で共有するために

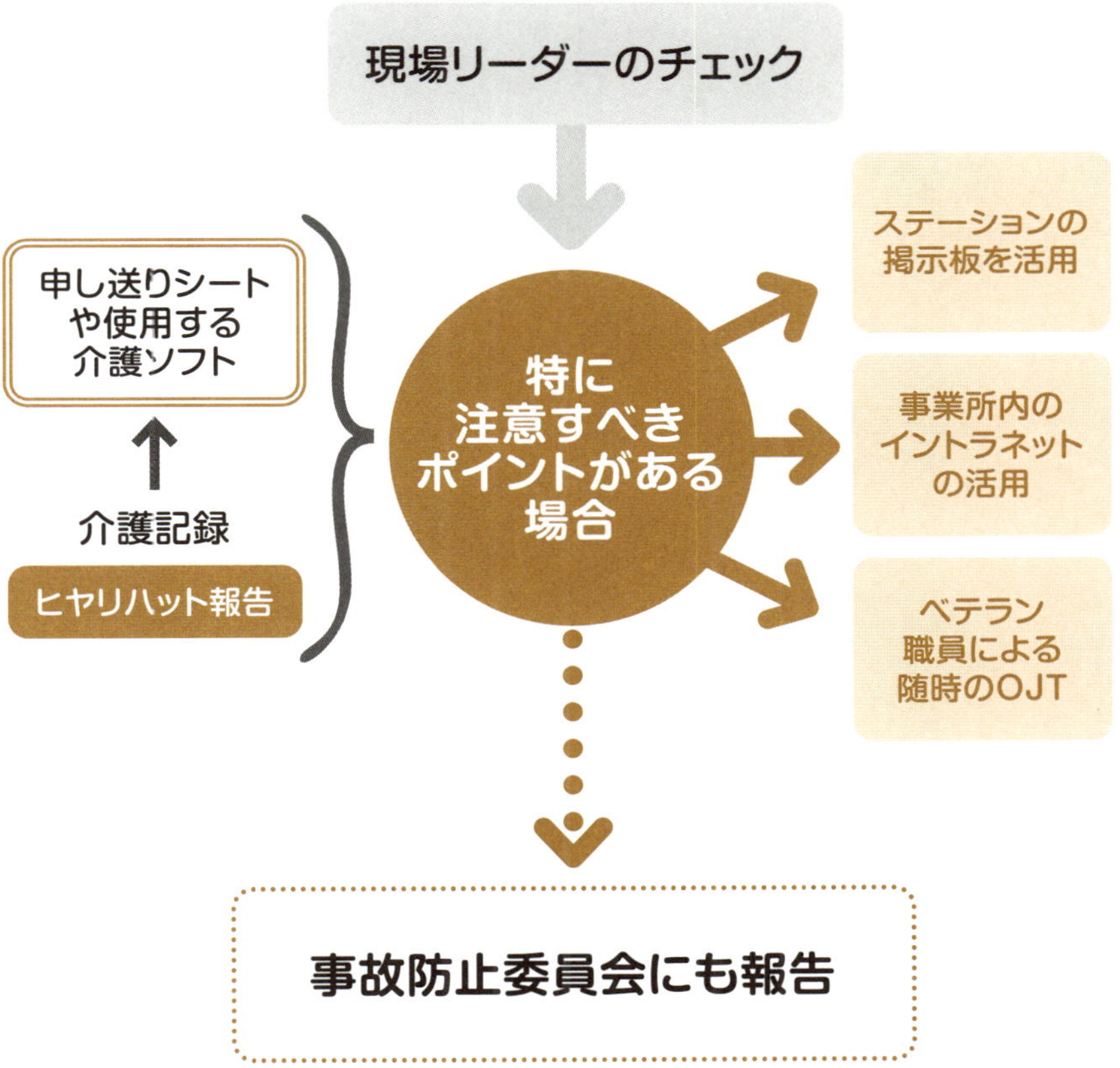

POINT

- 特に注意したいリスクは「必ず目につく」共有法を
- ＯＪＴなどを通じて「目で見て体験する」機会を

介護を行う「環境」にも気を配る

転倒・転落を引き起こしやすい条件とは？

訪問の現場では、足もとの段差や障害物の解消、手すりの設置が適切でないことがあります。

段差解消や手すりの設置は主に住宅改修の分野となりますが、ホームヘルパーなどがチェックし改善できる部分もあります。たとえば、カーペットの端がめくれていないか（そこにすり足状態で足をはさむと転倒につながります）、手すりにタオルなどがかかっていないか（夜間にそこに手をかけて滑ることもあります）――こうした細かい点に目を配って、ヘルパーによる改善が難しければ、事業所やケアマネジャーにも報告します。

もちろん、床に物が大量に置かれている場合は、利用者の許可を得ながら、動線に沿って片付けていくことも必要でしょう。このあたりは、サービス提供責任者による初回の同行訪問などで十分にチェックすることが必要になります。

無意識に手を伸ばす「手がかり」に注意

一方、施設などでは、利用者一人ひとりの行動パターンに応じて環境を工夫することが必要です。たとえば、ベッドからの立ち上がりに際して、サイドバーなどをつかむのではなく、近くに置いてある車いすやテーブルなどに手をかけて立ち上がろうとするケース。夜間に完全に目覚めていない状態で、無意識に手が伸びているというものです。

この場合、手がかりとなるものに体重を乗せることで、重心のズレなどが起こりやすくなります。こういう行動を想定したうえで、サイドバーのみならず、思わず手を伸ばす位置に「置き型の手すり」などを設けることも考える必要があります。

転倒・転落リスクにつながる環境面のリスク例

在宅

- ○ カーペットの端がめくれている
- ○ 手すりにタオルなどがかかっている
- ○ 手をかける家具の安定や高さが不適切
- ○ 浴室の床に「ぬめり」がある
- ○ 動線上の足元が整理されていない
（動線上に電気コードが放置）

……など

施設など

- ○ 車いすやシルバーカーのメンテナンス不備
- ○ 利用者がくつ下のまま床を歩いたりする
- ○ ユニット内の調理台の下がぬれている
- ○ 暗がりにいすやソファが置かれている
（視覚状況によって見えにくいケースあり）
- ○ 浴室内の掃除が行き届いていない
（特に個浴対応が集中する時）

……など

POINT

- 訪問の現場では「足元・手元の危険」を取り除く
- 無意識に身体を支えようとする道具類にも注意を

転倒・転落

17

職員の立ち位置や行動予測の仕組み

事故を防ぐための見守りのポイント

転倒・転落事故を防ぐうえでの流れをまとめると、①利用者の重心移動や自律神経の状況、生活反応についてのアセスメントを行う、②①を共有したうえで「事故予測の目」を養ったり、環境整備を行うという具合です。そして、③②を進めたうえで、利用者の生活行為の流れを妨げないように（妨げは、事故につながる反応を呼び起こします）、自然な「見守り」や「先回りの介護」を進める仕組みを整え、研修を実施することです。

ひと口に見守りといっても、慌ただしい業務の中ではどうしても注意が散慢になりがちです。また、施設などにおける夜間では、ユニットの夜勤職員がひとりというケースもあります。

施設の夜間では、居室に見守りセンサーなどを導入するケースが増えています。しかし、「センサー稼働によって蓄積されたデータ」などを分析して事故予測につなげる仕組みがないと、「センサーが反応するたびに対応する」だけとなり、かえって現場の業務負担は増えかねません。

個別ケア＋全体を見渡せる職員の配置を

日中の見守りについては、通所や施設など複数の利用者が過ごす場合、周囲の環境や人間関係が複雑になるため、利用者の行動を予測することが難しくなるシーンがあります。それなりにリスクチェックの経験を積んだ職員でも集中力が続かなくなることがあります。

そこで、ある程度経験を積んだ職員をひとり立て、「ひとつのフロア）全体を見渡す」ことに集中させます。最低限の職員数で「利用者一人ひと

日中のフロアにおける「見守り」の体制について

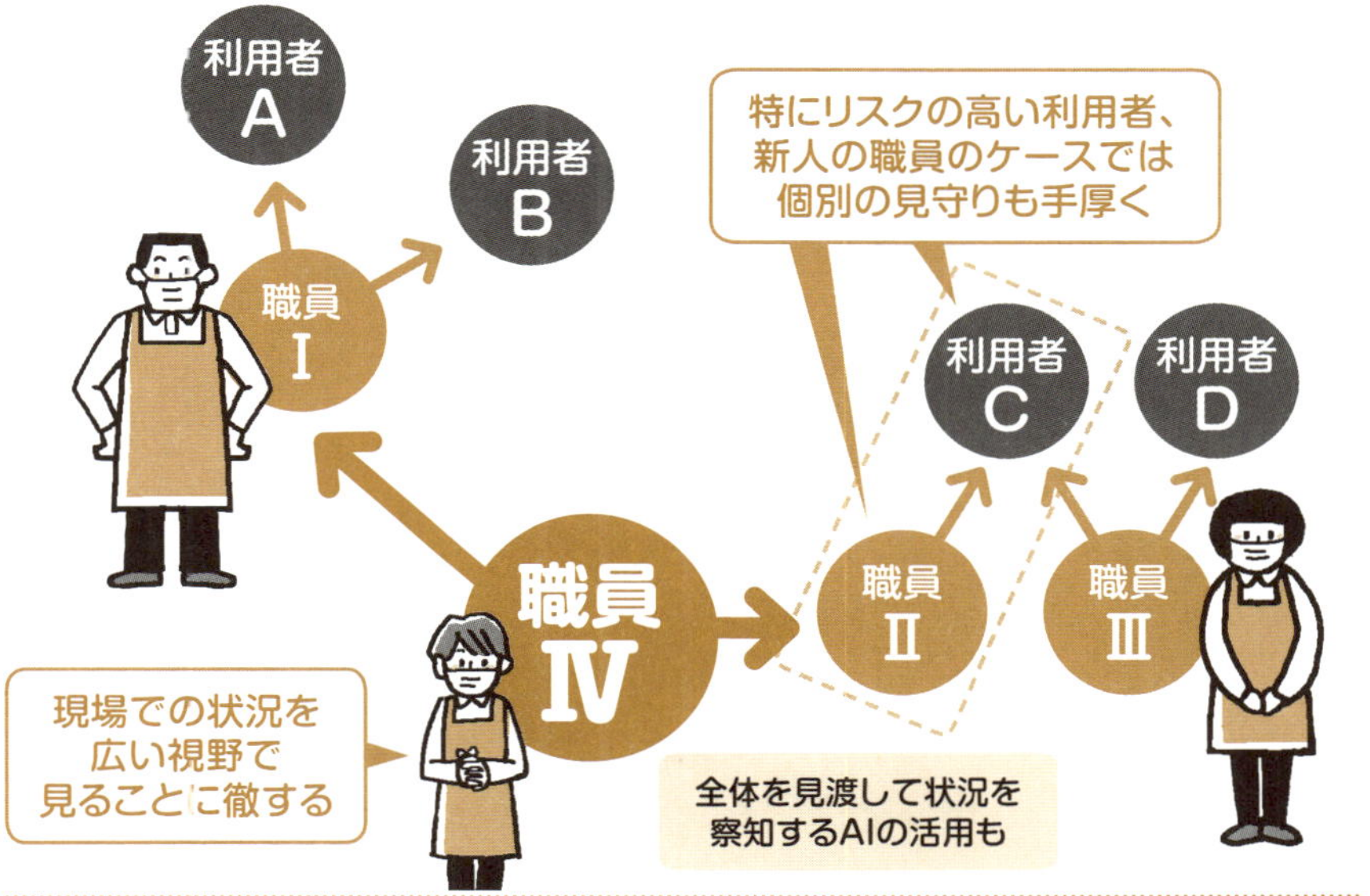
利用者
A
利用者
B
職員
Ⅰ
特にリスクの高い利用者、
新人の職員のケースでは
個別の見守りも手厚く
利用者
C
利用者
D
職員
Ⅱ
職員
Ⅲ
職員
Ⅳ
現場での状況を
広い視野で
見ることに徹する
全体を見渡して状況を
察知するAIの活用も

りを見る職員」と「全体を見渡す職員」による二重チェックを行うわけです。全体を見渡すことに集中すると、利用者の微妙な反応（何となく落ち着かない様子など）を察知しやすくなります。

最近は、こうした察知機能を備えたＡＩカメラもあるので、人員配置が追いつかない場合に活用する方法もあります。

引き継ぎに際して「一緒に見る」機会も

次に、「その人の転倒・転落リスクがどれだけ高まっているか」を頭に入れながら、その日そのときで情報を常に新しいものに更新します。

たとえば、前夜、何らかの理由で「眠りが浅かった」という人がいたとすれば、翌日の日中は半覚醒の状態になって、歩いたりしたときの「ふらつき」が生じる危険が高まります。そのあたりの情報は、夜勤や早番の職員からしっかり申し送りを受けることが大前提です。

そのうえで、「引き継ぐ職員」と「引き継がれる職員」の間で、30分程度シフトが重なるようにし、両者の目で現場を見るという機会をつくることが望ましいでしょう。申し送りだけですと、文字や口頭による情報のみとなりますが、そこに「一緒に見る」という行為が加われば、その日の利用者の状態把握がよりしっかりしたものになります。

看護師・リハビリ職からの情報も活用

その日そのときの変化については、バイタルや服薬などの情報も大切になります。そこで、介護職間の申し送りに際しては、できれば看護師も同席しながら、注意事項の伝達も行いたいものです。

また、リハビリなどの進み方によっては、利用者の生活動作に微妙な変化が生じることもあります。たとえば、筋力がついて「できることの範囲」が広がるのは喜ばしいことですが、「一時的に身体のバランスが崩れる」ことも起こり得ます。随時リハビリの専門職から情報を受けましょう。

看護師やリハビリの専門職がいない場合（GHなど）は、外部の看護師などのアドバイスを得ながら、情報更新することを考えたいものです。

夜間で人員が少ないときの「見守り」について

居室
テーブル
ノート PC
職員
利用者
居室
❶居室から出てくる利用者を死角なしで見られる位置に
❷居室内の利用者の状況をセンサー等で把握（分析と予測を伴うことが大事）
(例)ベッド上の寝返り状況などをセンサーが感知し、「起きる」ことを事前に察知する など

POINT

- アセスメント→事故予測→生活に配慮した環境整備
- 日中の見守りは二重体制。夜間はセンサーなどの活用も

誤嚥事故
18

深刻な「誤嚥事故」にはどんなケースが？

怖いのは食べ物による窒息と誤嚥性肺炎

食べ物などをうまく飲み込めないことで起こるのが誤嚥事故です。件数自体は転倒・転落のほうが目立ちますが、誤嚥事故はいったん発生したときに命にかかわりやすいのが特徴です。

この事故で多いのは、まず「食べ物を喉に詰まらせる」ケースです。飲み込む力が衰えていることに加え、咀しゃく（噛むこと）の力が衰えていると十分に噛み砕けないまま飲み込むので、リスクが二重に増えます。餅など、飲み込む際に喉の内壁に張り付きやすい食材は特に危険です。

もうひとつは、食べ物のかすなどが誤って肺にまわってしまい、そこから菌が繁殖することによって肺炎を起こす（誤嚥性肺炎）ケースです。食事中だけでなく、食後に口の中に残った歯垢・雑菌が唾液とともに肺にまわるパターンもあります。むせるなどの反応が見られず、肺炎を発症してからはじめて誤嚥と気づくこともあります。

また、水分など流動性の高いものの場合、飲み込む動作（嚥下反射）が緩慢だと、そのまま気管に流れ込んでしまう危険も生じます。

「食べる」という機能への関心が大切

こうした誤嚥事故の原因には、嚥下・咀しゃくの能力の低下に加え、誤嚥性肺炎のように口腔内が清潔に保たれていないことも原因としてあげられます。いずれにしても、利用者の口腔周辺の状態がどうなっているかを知ることが重要であり、それに応じて食べ物の形状を工夫したり、口腔内や咽頭周辺のケアを進めていきます。まずは人の「食べる」機能への関心を高めていきましょう。

誤嚥事故にはどのようなパターンがあるか？

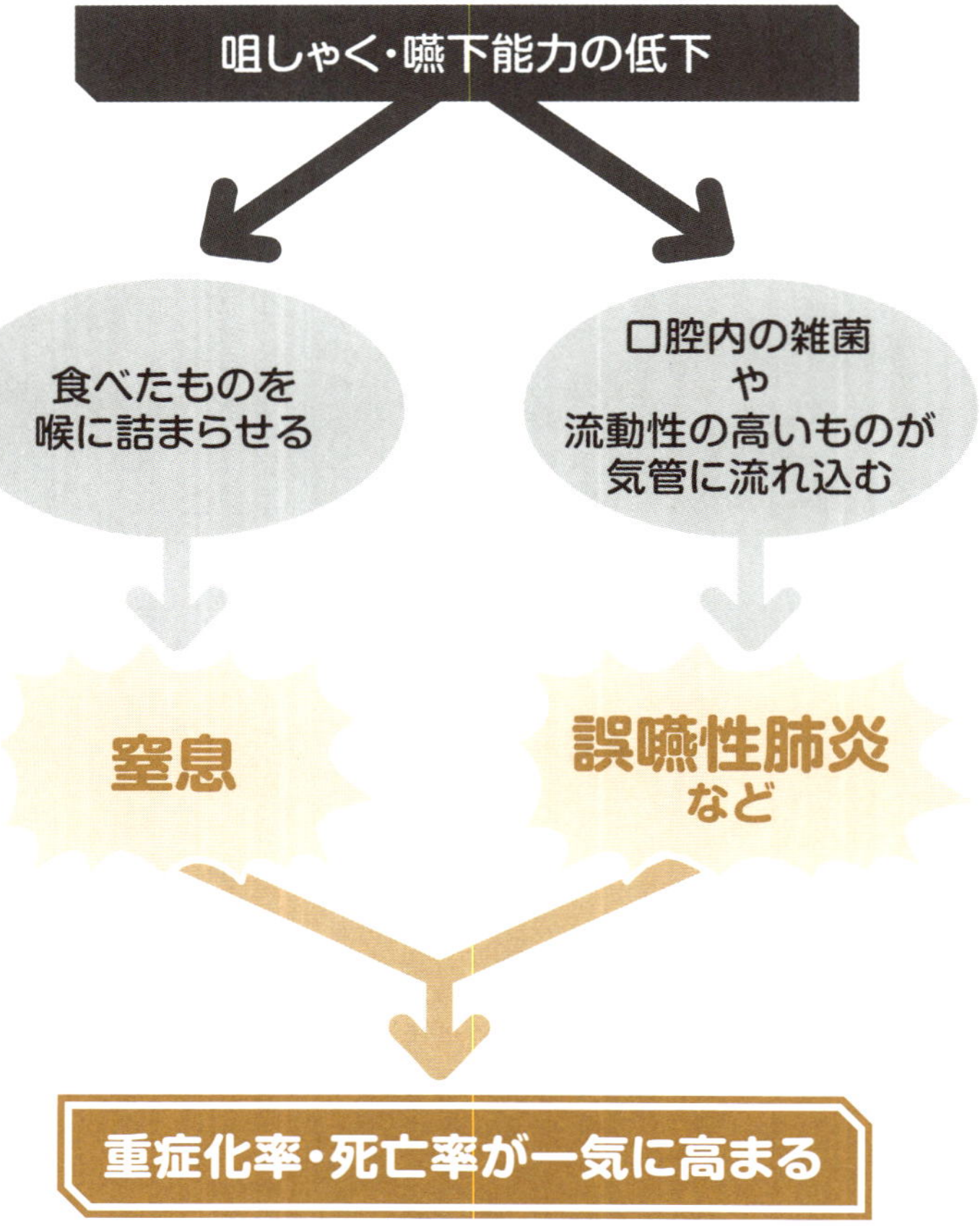
咀しゃく・嚥下能力の低下
食べたものを
喉に詰まらせる
口腔内の雑菌
や
流動性の高いものが
気管に流れ込む
窒息
誤嚥性肺炎
など
重症化率・死亡率が一気に高まる

POINT

- 喉の内壁に引っかかりやすい食材は「詰まらせ」注意
- 食後でも口腔内の雑菌等が残れば、誤嚥性肺炎にも

誤嚥事故 19

どのようなケースでリスクが高まる？①

さまざまな疾患で衰える嚥下機能

どんなときに誤嚥事故のリスクが高まるのか。まずは、利用者の嚥下・咀しゃくの機能が低下するケースを考えてみましょう。

人が食べ物を飲み込むときには、「ごっくん」という嚥下の反射運動が行われます。この反射運動をつかさどる中枢神経が、脳梗塞などによってうまく働かなくなると、誤嚥事故に結びつきます。

また、骨折やさまざまな内部疾患で安静が求められるとき、ベッド上での動作が少なくなると、首のまわりの筋肉の柔軟性が衰えてくることがあります。それによって「飲み込む」ときの運動が緩慢になり、たとえば退院直後に一時的に誤嚥のリスクが高まったりします。そうした状態で年末年始に病院などから一時帰宅し、そこで餅などを喉に詰まらせるケースも目立ちます。

さらに、アルツハイマー型認知症などの場合、口の中に食べ物が入っていることを忘れ、無意識のうちに誤嚥してしまう危険も生じます。

一見「大丈夫」というときほど危ない

以上の点を考えた場合、利用者の「要介護になる原因」となった疾患がどのようなものか、あるいは、入院中にどのような身体状況にあったのかなどをきちんと把握することが大前提となります。転倒・転落事故の防止と同様に、事前のアセスメントをしっかりととることが求められます。

また、一定の療養の後には、見た目は「飲み込む」動作に問題がなさそうでも、嚥下にかかわる筋肉が衰えていることもあります。「大丈夫そう」というときこそしっかり注意したいものです。

どんなときに誤嚥のリスクは高まるか？

脳梗塞・認知症・
パーキンソン症など

↓

中枢神経や「飲み込み」に
対する意識の衰え

身体機能の衰えで
「寝たきり」などの状態

↓

口腔・咽頭周辺の
筋力の硬直・低下

↓

**噛む・飲み込むなどの
機能に障害が生じる**

↓

誤嚥リスクが上昇

POINT

- 脳梗塞や認知症などで嚥下動作が衰えていると危険
- 一見嚥下に問題がなさそうな人もリスク0ではない

誤嚥事故
20

どのようなケースでリスクが高まる？②

口腔ケアなどが不十分になる場面に注意

嚥下事故を防ぐには、食前・食後のさまざまなケアが重要です。食前に咽頭のまわりの筋肉をマッサージして「飲み込む」ための筋肉を柔軟にしたり、食後であれば口の中に歯垢や雑菌が残らないように丹念に口腔ケアを行います。

しかし、慌ただしい介護現場では、こうしたケアが不十分になる場面も見られます。たとえば、利用者一人ひとりの状態によって、食事の進むペースがバラバラになることがあります。

そのために一人ひとりの見守りをしっかりやろうとすればするほど、食事前後の人員が一時的に足りなくなり、食後の口腔ケアも「できるだけ効率的に」という心理が生まれます。効率化はいいのですが、気持ちが焦れば、「効率よく＝できるだけ簡単に」となりかねません。かえって誤嚥性肺炎のリスクが高まるわけです。

空気が慌ただしくなる中で悪循環が

また、現場の空気が慌ただしくなると、利用者の心理にも大きな影響を与えます。認知症の人であれば、穏やかな時間の流れが乱れることで、言動が不穏になってくることがあります。それに職員が個別に対処しなければならなくなったために、さらに嚥下状態の見守りや口腔ケアが手薄になるという悪循環におちいる可能性もあります。

こうした悪循環は食事時に限った話ではなく、たとえば利用者の起床時など、着替えや排泄のケアが集中している状況では朝の口腔ケアがなかなか行き届かない場面が生じてきます。

朝、起床後の口腔ケアというのは、食後の口腔

誤嚥事故を防ぐためのケアとは？

食事前
- 本人の嚥下状況に合わせた「食の形」を考える
- 口腔や咽頭周辺のマッサージなど(嚥下体操)

食事中
- 本人の「飲み込み」動作を見守る
- 「飲み込み」までの動作に配慮した食事介助

食後・起床後・就寝前
- 口の中の歯垢・雑菌を取り除く口腔ケア

その他
- 利用者の「飲み込み」動作に支障が起こらないような環境整備
- 外部の歯科衛生士などとの連携

ケアと同じくらいに重要です。就寝前にどんなに口腔ケアを行っても、寝ている間に口の中にはさまざまな菌が繁殖します。それを放置することで、誤嚥性肺炎の原因になることがあります。

また、そのまま水分補給をすると、菌を一緒に飲み込んでしまうことになり、内臓の病気につながるリスクも高まります。

危険を察知する感度が問われてくる

以上の点を考えたとき、どのタイミングで人手が足りなくなるのか、慌ただしい空気が生じるのかなどを事前に予測しなければなりません。誤嚥事故の場合、見た目のリスクが表に出にくいケースが多い分、職員の「危険を察知するセンサー」の感度が問われてきます。

なお、２０２１・２４年度改定で、施設系などにおいて歯科医師や歯科衛生士による介護職員への口腔衛生管理にかかる定期的な指導が義務づけとなりました。口腔ケアの充実に関し、こうした専門職との連携がますます重視されています。

誤嚥防止のケアが「おろそか」になるタイミング

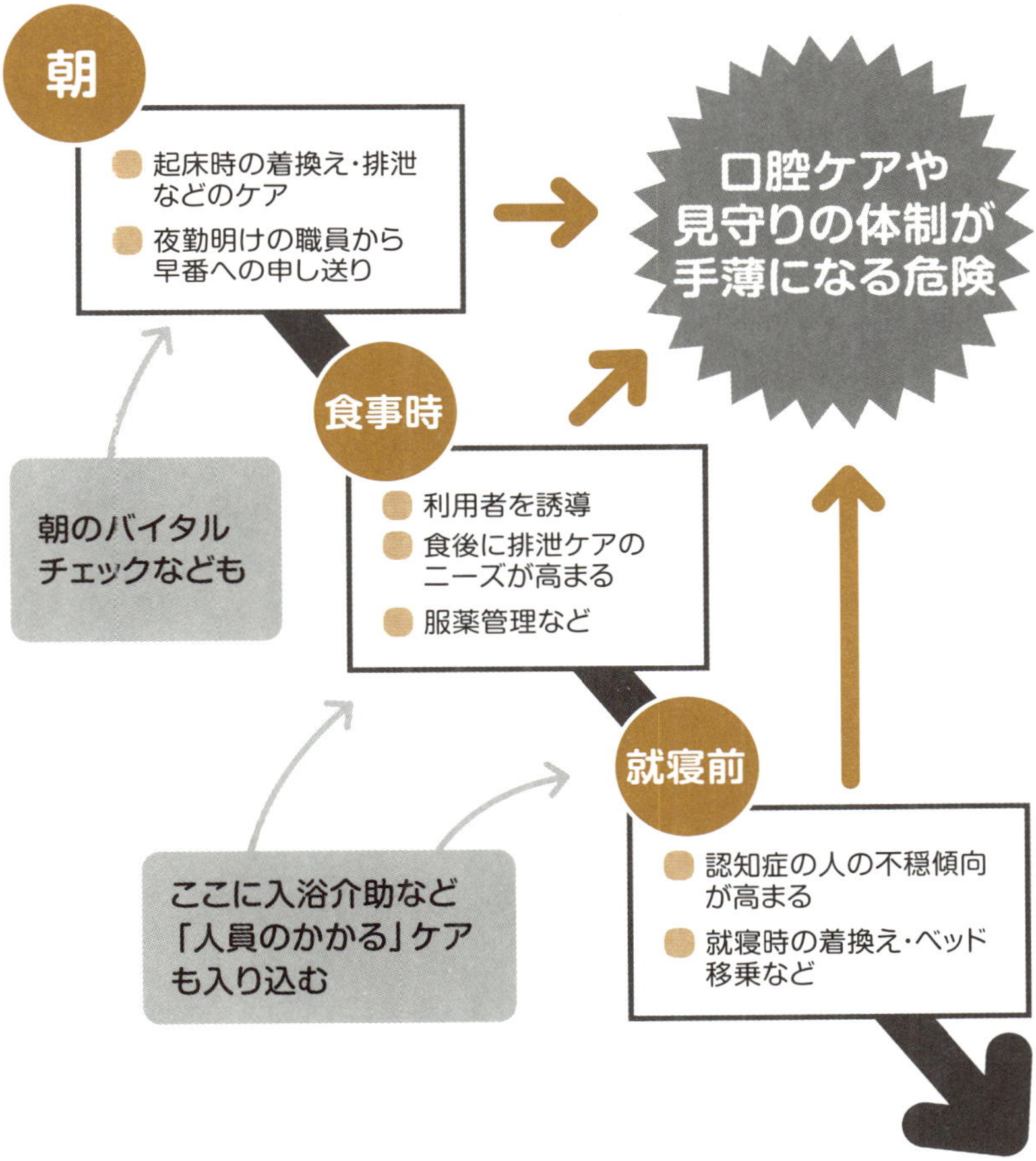
朝
起床時の着換え・排泄などのケア
夜勤明けの職員から早番への申し送り
朝のバイタルチェックなども
食事時
利用者を誘導
食後に排泄ケアのニーズが高まる
服薬管理など
ここに入浴介助など「人員のかかる」ケアも入り込む
就寝前
認知症の人の不穏傾向が高まる
就寝時の着換え・ベッド移乗など
口腔ケアや見守りの体制が手薄になる危険

POINT

- 食事中だけでなく、前後のケアも誤嚥防止には重要
- 嚥下関連のケアが「手薄」になりがちな瞬間に注意

誤嚥事故

21

誤嚥事故はどこから防げばいいのか?

まずは本人の嚥下能力をきちんと測ろう

誤嚥事故を防ぐ手段としては、まず食事の形状を工夫したり、口腔ケアをしっかり行うことが思い浮かびます。しかし、それ以前の段階として、利用者一人ひとりの嚥下能力（飲み込む力）がどうなっているのかを知ることが必要です。

利用者の「咽頭周辺」の動きを察知

はじめに、一般的な飲み込みの仕組みを頭に入れておきましょう。介護職員の研修では、人が「飲み込む」動作のＶＦ（ビデオ嚥下造影）映像などを見せることがありますが、これを見ると食べ物が通るときに気管と食道の間が開くのがわかります。この運動は咽頭が引き上げられて生じるものです。これにより、咽頭周辺の筋肉が衰えていると、飲み込みがうまくいかなくなるということが理解できます。

こうした映像を頭に入れれば、実際の利用者の「食べる」シーンを見たとき、飲み込みに必要な咽頭周辺の動きがどうなっているかが意識できます。その中で、「ちょっと（咽頭周辺の動きが）衰えているかな」と気づければ、誤嚥リスクを事前に予測できる可能性が高まります。その気づいた状況をきちんと記録に残し（あるいはヒヤリハット報告に記し）、それを現場で共有していくことが誤嚥事故を防ぐ第一歩となります。

もちろん、歯科衛生士、看護師、リハビリ職などによる、利用者の嚥下能力を評価した初期アセスメントを頭に入れることが基本ですが、変化しやすい利用者の状態に気づくためには、現場で食事介助にあたる介護職の役割が重要になります。

食べ物を「飲み込む」までの人体のしくみを理解しよう

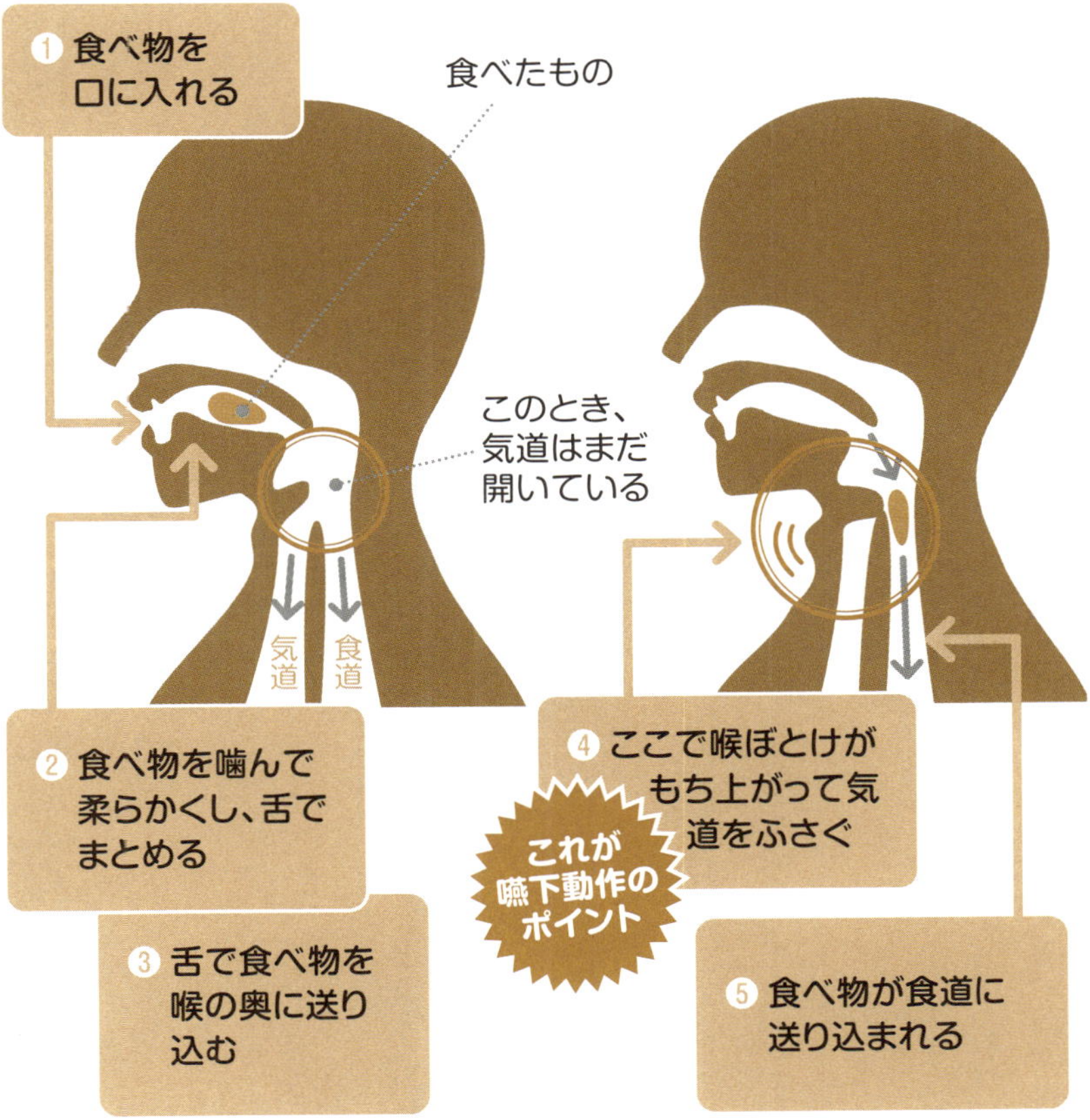

① 食べ物を口に入れる
食べたもの
このとき、気道はまだ開いている
気道
食道
② 食べ物を噛んで柔らかくし、舌でまとめる
③ 舌で食べ物を喉の奥に送り込む
④ ここで喉ぼとけがもち上がって気道をふさぐ
これが嚥下動作のポイント
⑤ 食べ物が食道に送り込まれる

POINT

- VF映像などで「飲み込み」の仕組みを目で確認
- 飲み込みの仕組みを頭に入れて利用者アセスメント

誤嚥事故

22

嚥下能力にあわせた食事提供の工夫を

リスクを減らすための「食事の形」

咀しゃくや嚥下の能力が衰えている人に対して、食材を細かく刻んだ、いわゆる「刻み食」を提供する光景が見られます。しかし、食材の特質を押さえずに、ただ「細かく刻めばいい」という考え方の食事はかえって誤嚥のリスクを高めます。

食べ物を飲み込むとき、食道の入口が開くと同時に気管の入口が閉じられることで、気道に回らないようにしながら食べ物が送り込まれます。これが1サイクルの動作です。

この1サイクルの流れに食べ物がうまく乗れず、気道が開いているときに食べ物が通過しようとすると誤嚥が起こりやすくなります。つまりこのサイクルにメリハリをつけることが重要なのです。口の中で飲み込む分の食べ物をまとめ、メリハリをつけやすくしなければなりません。

口の中でバラバラになりにくい食材を

ところが、粘着力の乏しい食材を「刻み」にすると、飲み込む分の食べ物がまとめにくくなります。口腔機能が衰えている人にとっては、1サイクルの流れが緩慢になるため、口の中でまとめきれない食べ物を誤嚥する可能性が高まります。

この点を考えたとき、口の中でやわらかくなるけれど、バラバラになりにくい食材（軟菜）、あるいはそういう状態に加工したものを使います。そのうえで、細かくなった食材を口の中でまとめやすくする「とろみ」などをつけていくことが必要です。「とろみ」をつけるには、片栗粉などの他、市販のとろみ調整剤を使うといいでしょう。

1サイクルのメリハリを考えたとき、あまりに

「飲み込む」までの1サイクルを考えたとき——食の形は？

段階	Check Point
口に入れる	見た目や香りで「食欲」がわいてだ液が出やすくなるか？
↓ 噛む	噛み砕きやすい食材か？繊維質が歯間にはさまったりしないか？（雑菌が生じる原因に）
↓ 口の中でまとめる	口の中でまとまりやすい、ほど良い粘着性があるか？
↓ 喉の奥に運んで飲み込む	流動性がありすぎて気管にまわったり、逆に粘着性が強すぎて喉に詰まったりしないか？

流動性の高いもの（水やみそ汁などが代表的です）は、「ごっくん」と飲み込むタイミングが難しくなり、誤嚥のリスクを増す原因になります。この点で、「ミキサー食」なども「喉の奥に流し込む」というスタイルになってしまうと危険です。ここでもとろみ調整剤などを使うことが求められます。

喉に通りやすいかどうかも考える

ここで注意したいのは、口の中で「まとまりやすい」という粘着性のみに着目すると、今度は喉の内壁に引っかかりやすくなる点です。少しずつ喉に通りやすい大きさで、というのは基本ですが、同時に通りをスムーズにするためゼラチン質による加工が必要です。お粥なども、嚥下状態が極めて衰えている人に対しては、最初のうちは重湯をゼリー状にしたものが理想でしょう。肉や野菜なども、ムース状に加工すれば、口の中でバラバラにならず、喉も通りやすくなります。

また、見た目がおいしそうかどうかという点も、嚥下反射をスムーズにする大切な要素です。

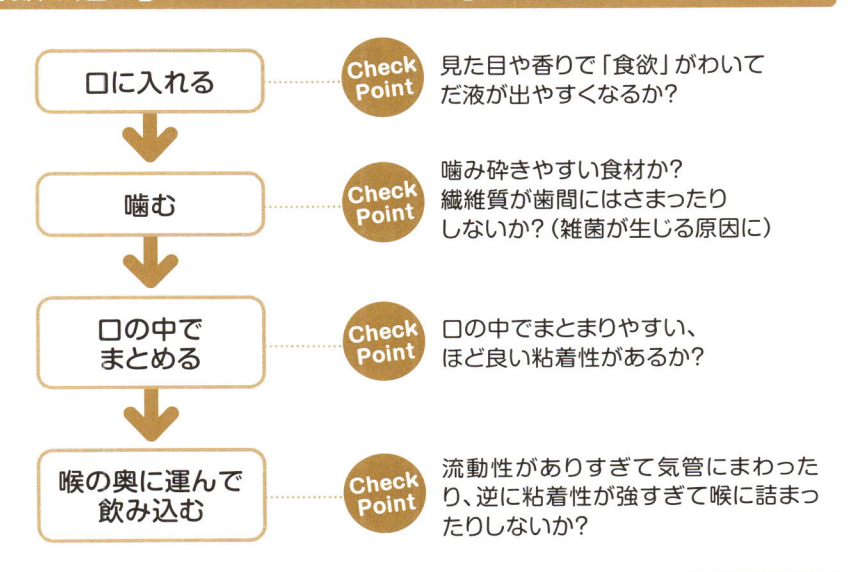

誤嚥リスクのある人には、どのような調理が求められるか？

条件

1 噛む力が衰えていても、容易に細かくできる
2 口の中でまとめやすい、ほどよい粘着性がある
3 喉に詰まらせるのを防ぐ、流動性もある

A 口の中でバラバラになりにくい、粘着性のある食材
例：里いも、ムース状に調理したものなど

B 口の中でまとまりやすく、ほどよい流動性を出す
例：片栗粉で「あん」をつくる、卵とじにする、トロミ調整剤を使う

C ユニバーサルデザインフードを活用する
(4段階の区分表を目安に選ぶ)

D 水など、気管に流れ込みやすい液体は
ゼリー状にして飲み込みやすくする

POINT

- 「刻む」「ミキサーにかける」だけではかえって危険
- ほどよい粘着性と流動性のバランス確保が大切に

食事時に注意を払うべき点はどこに？
食事ケアでの「見守り」のポイント

誤嚥リスクがある人の食事介助は、先に述べた1サイクルをしっかり頭に入れて、「ごっくん」と飲み込むまでの動作がスムーズに行われているかどうかをきちんと観察します。

この観察をしっかり行うためには、まず職員が利用者の1サイクルを通じた口の動き、喉ぼとけの動きをはっきり確認できる位置に座ることが大切です。また、観察できるのが本人に寄り添う職員のみになってしまった場合、その職員の力量や集中力の低さがそのままリスクに直結しやすくなります。そこで、転倒・転落事故の防止と同じように「本人に対して介助を行う職員」の他、「広く全体を見渡せる職員」の存在が必要です。

そこで、「見渡す側の職員」に死角が生じないよう、食卓の位置を調整しましょう。「他の利用者から離れて食事をしたい」というニーズがある人の場合は、天井鏡などを設置します。

食卓に座ったときの姿勢も要チェック

利用者の食卓に座る姿勢などもあわせてチェックしましょう。要介護者の場合、背筋の力の衰えなどで姿勢をまっすぐ保つのが難しく、前傾になったり、反り返ってしまうことがあります。こうなると、食べ物が食道を通るルートがきちんと確保されず、気管にまわるリスクが高くなります。

いすに座ったときの転落防止においては、利用者の身体の傾きなどをアセスメントし、それを補正するための工夫（クッションの使用など）を事前に考えているはずです。その際に、食事時の姿勢をいかに保持するかという点も考慮します。

「飲み込み」を完了するまでの1サイクルをチェック

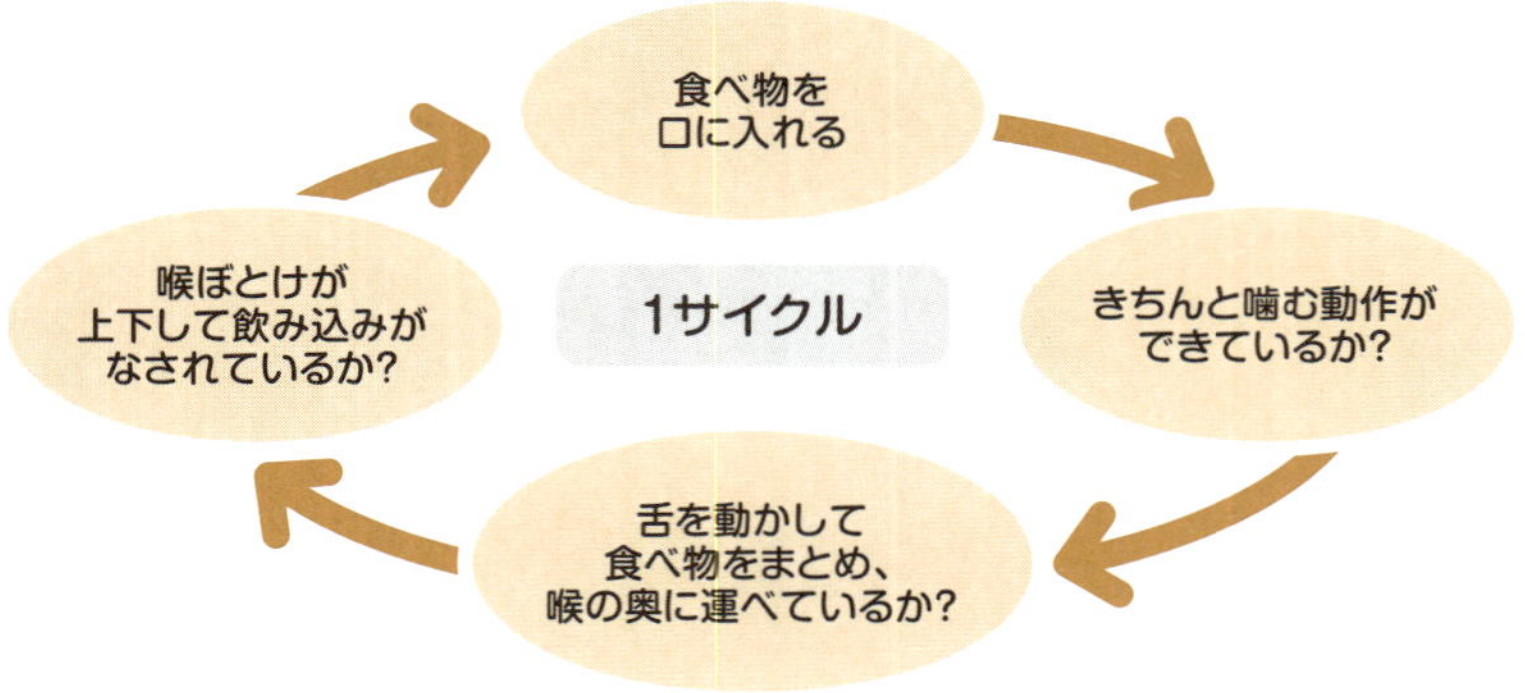
食べ物を
口に入れる
きちんと噛む動作が
できているか?
舌を動かして
食べ物をまとめ、
喉の奥に運べているか?
喉ぼとけが
上下して飲み込みが
なされているか?
1サイクル

※1サイクルが終了したのち、口の中に食べ物が残っていないか、飲み込んだはずなのに口をモグモグさせていないかをチェック

最初は少量を口に運んで、嚥下を確認

介助が必要な人に対しては、まず①口の中で食べ物をまとめられるかどうか、②喉の奥に運ぶことができるかどうか、③きちんと嚥下できるかどうかという、動作別の能力をはかります。そのうえで、最初はごく少量を口に運んで、①~③の流れが完了しているかどうかを確認しましょう。

③の動きが緩慢である場合、口の中に食べ物が残っている可能性があります。そのまま次の食べ物を口に運ぶと、誤嚥を引き起こしかねません。

①~③のサイクルが完了したと思ったら、一度口を開けてもらって確認します。危ないのは、認知症の人で「口の中に食べ物が残っている」ことへの失認がある場合です。そのまま口で息をしたりすると、食べ物の残りが気管にまわる危険もあります。最初の「少量を口に運ぶ」という段階で、1サイクルの動きが芳しくないと判断したら、すぐに看護師などに報告してください。

食事前に気を配っておきたいこと

❶ 利用者の嚥下状況についてのアセスメント
（認知症の中核症状の進行もチェック）

↓

❷ 食事に際しての注意点をチーム内で共有

↓

❸ 食事時の「見守り」体制を整える

・個別見守り、全体見守りの二重体制
・全体見守りに死角が生じないようにする
・職員相互の間にも死角を取り除く

↓

❹ 利用者の座高の高低に合わせて食卓やいすの高さを調整する（食事中に気が散らないような環境づくりも）

↓

❺ 座位が保ちにくい人は、前傾になったり反り返りの姿勢にならないよう、クッションなどで調整する

POINT

- 飲み込むまでの１サイクルをきちんと観察しよう
- 食卓での座る姿勢や見守り体制の確保に注意を払う

誤嚥事故

24

嚥下体操や口腔ケアの実践

食前後を通して誤嚥を防ぐために

誤嚥を防ぐための対応は、食前から始まっています。まずは咽頭周辺やほっぺたのあたりをよくマッサージし、ものを食べる際に使う筋肉をほぐしましょう。歌を歌ったり、発声練習をするのも、口の周辺の筋肉の緊張をとるのに効果的です。

また、食事近くになると、料理のいい匂いがフロアに漂って、条件反射的に唾液が出てきたりします。その機会を利用して、唾液を飲み込む練習をするのもいいでしょう。そこで喉ぼとけがきちんと上下しているかを確認します。

水でゆすいだ後に丹念な口腔ケアを

食後で重要になるのは、やはり口腔ケアです。食事が終わったら、まずできるだけ時間をおかずに口の中を水でゆすぎます（ぶくぶくうがい）。そこで大きな食べかすを取り除き、そのうえで歯ブラシや糸ようじを使って口腔ケアに入ります。

現場で利用者の数が多い場合、洗面台が足らずに「口腔ケアの順番待ち」が生じることがあります。その場合は、まずテーブルに容器をもっていき、口の中をゆすぐだけでも先に行って、そこにゆすいだ水を吐き出してもらうといいでしょう。

口腔ケアの道具にはさまざまなものがありますが、少なくとも歯ブラシ、糸ようじ、舌ブラシの3つは使うようにします。人によってはさらに丹念に磨くことも必要になるので、歯科衛生士などに確認しながら、その人にあった「口腔ケアのセット」を用意しておきましょう。

もちろん、入れ歯の洗浄も必要です。水だけでなく、きちんと洗浄剤を使って洗いましょう。

誤嚥を防ぐために行いたい実践

口腔ケアで用意したい器具類

- ○ 歯ブラシ(できれば電動歯ブラシもセットで)
- ○ スポンジブラシ
  (口の内側の壁面に残った歯垢などを取り除く)
- ○ 歯間ブラシ
  (歯のすき間に入り込んだ歯垢などを取り除く)
- ○ 保湿剤(口の中が乾きやすい人に用いる)
- ○ 開口補助具
  (口をすぐに閉じてしまう人に用いる)

食事前に行いたい口腔体操の例

口腔周囲筋マッサージ

左右のほほ・あご・唇の周辺を両手でゆっくり揉みほぐしていくことで口腔の周囲の筋肉を強化し、唾液の分泌機能の低下や口が渇くのを防ぎます。

POINT

- 食前の嚥下体操で、「飲み込み」の運動をスムーズに
- 食後だけでなく起床後・就寝前にも口腔ケアが重要

介護ミス

25

身体にふれる場面で生じる事故ケース

介護ミスはどのようなリスクを呼ぶか?

介護現場では、職員によってさまざまなサポートがなされています。自立支援に向けて、起居動作の介助などが増えれば、身体にふれてのサポート機会も拡大するでしょう。ただし、要介護の人の状態はとても不安定であり、そこでのちょっとしたミスが大きな事故につながります。

たとえば、体位交換やおむつ替えのために、ベッドの上で利用者の身体を動かすとします。そこでの力の入れ加減をちょっと間違えるだけで、利用者の表皮を傷つけたりアザをつくってしまうことがあります。また、骨がもろくなっている利用者であれば、最悪の場合、骨折などにいたることもあります。また、利用者が足で車いすを動かしている場合、足がついた状況を確認せずに車いすを押し、ケガをさせてしまうケースもあります。

利用者の感覚が鈍っている場合、「痛み」を訴えないまま、捻挫や骨折にいたっても後々まで気づかないケースもあります。そうなると、事故後の対処が後手にまわり、利用者の身体に与えるダメージは一気に高まります。

利用者の状態に応じた「技能」を

このような深刻な事態を防ぐには、①利用者の状態をしっかり把握するという基本に加え、②その状態に応じられるだけの介助の技術をしっかり身につけなければなりません。

また、③介助時のちょっとした異変にも敏感になり、仮に「ミス」が生じていたとしても、早めの対処（医師の診断・治療など）をするなど、重大な結果を招くのを防ぐノウハウが求められます。

利用者の身体にふれるリスクを意識しよう

利用者の身体にふれる介助

- 離床・移乗
- 体位交換
- おむつ交換
- 入浴介助
- 姿勢補正の介助

など

↓

皮膚が弱くなっている	骨がもろくなっている	関節痛などの痛みがある
↓	↓	↓
表皮はく離 アザ	**骨折**	**痛みの悪化**

❶このリスクを把握し介助技能に反映
❷本人の異変を早期に察知して悪化を防ぐ

POINT

- 何気ない介助でも利用者の身体を傷つけることが！
- 利用者の状態を把握したうえでの介護技能が必要

介護ミス

26

重大な結果を招く「誤薬」は、二重三重の方法で根絶を

介護ミスでもっとも深刻なケースは何か

介護ミスの中でも、もっとも重大な事故につながりやすいのが「誤薬」のケースです。

利用者が服用する薬の中にはひとつ間違えると「劇薬」にもなりかねないものがあります。また、必要な薬が服用されないことによって、疾患が一気に悪化するパターンも起こり得ます。

それだけ重要な「服薬」ですが、利用者の中には認知症などによって自分できちんとした服薬習慣をもてない人も少なくありません。そうした人に対して、病院では看護師が、在宅では訪問看護師・薬剤師などが服薬管理を行っていますが、施設やGHなど（特に看護師配置の薄い現場）では、介護職のかかわりが深くなります。

介護職の場合、医師の処方を受け、あらかじめ薬袋等により患者ごとに区分して渡された薬について、医師や薬剤師の服薬指導のうえで、看護師の保健指導・助言を遵守した医薬品の使用を介助すること（厚労省の通知より）はできます。

仕分けや手渡しに際しての重大なリスク

問題は、薬の自己管理が難しい利用者に対して、事前にあずかった分包薬を仕分けしたり、利用者に渡す援助が生じることです。このとき、ちょっとした手違いで誤薬事故が起こりかねません。

手違いを防ぐ基本は2つあります。

ひとつは、仕分けや配布に際して、必ず複数の職員の視点でチェックすること。望ましいのは介護職と別の専門職（看護師や薬剤師）の組み合わせですが、後者の専門職がいない事業所では、介護職同士の組み合わせとなります。その場合、経

介護職による「服薬介助」の条件について

（厚生労働省：医師法第１７条および保健師助産師看護師法第３１条の解釈について［通知］より）

前提

医師・歯科医師・看護師が以下の3点を確認

①患者に入院治療の必要がなく、容態が安定
②副作用の危険や投薬量調整のための医師や看護師による経過観察が不必要
③内服薬の誤嚥などの専門的配慮が不必要

そのうえで……

Ⅰ.事前に本人または家族から具体的な依頼を受ける
Ⅱ.医師の処方により、薬が薬袋等に区分された状態にある
Ⅲ.医師・歯科医師の処方、薬剤師の服薬指導を受ける
Ⅳ.看護師による保健指導・助言を順守する

験の浅い職員に対して、一定経験のあるベテランとの組み合わせにするといった工夫が必要です。

もうひとつは、薬を利用者に渡す場合、名前以外の認証法を定めること。たとえば、分包した薬に顔写真を貼付して、本人との照合を行うなどの方法です。名前を呼んで返事をしてもらうというやり方だと、認知症の人が「本人ではないのに返事をしてしまう」といったことも起こり得ます。

体調変化や飲み合わせなどへの配慮も

副作用のリスクがある薬の場合、医師や看護師による経過観察などが必要です。

ただし、そうした専門職による体制が整っていても、現場で援助する介護職側も情報をしっかり共有する意識がなければ、完全に危険を取り除くことはできません。

また、利用者が何らかの市販薬やサプリメントを服用していた場合、それらと処方薬との飲み合わせが問題になったりします。この点も、「日々変わっていく状況」という認識が必要です。

食事の取り違えも命にかかわるリスクが

さらに、誤薬ではありませんが、「食事」においても同様の取り違えリスクがあります。パターンとしては以下の2つが考えられます。

ひとつは、誤嚥リスクがある利用者に対して、その人にあった食事の形状で提供している場合です。このとき嚥下状態が異なる他の利用者との取り違えが生じれば、誤嚥の原因となりかねません。

もうひとつは、食物アレルギーがある人にアレルギー物質を取り除いた特別な食事を出している場合です。こうした食提供の管理が不十分であったために、小学校の学校給食で児童が死亡する事件もありました。同様のことは、介護施設などでも起こり得ることです。前者のケースでもそうですが、ひとたび取り違えが発生すれば、命にかかわる事故になります。

やはり重要なのは情報伝達の仕組みです。日々の申し送りなどの中で、どこに不備が生じやすいのかをしっかり分析することが必要です。

日々の食事でも「取り違え」のリスクが生じる

何らかのアレルギー
嚥下状態のリスクあり
利用者
アレルギー食材を除いた料理
誤嚥リスクに対処した食の形状
取り違え
プレート上に名札などを乗せただけでは
取り違える危険
対処法
①プレートの色を変えたり、顔認証の仕組みを
②提供の流れを区別する(調理担当者を別々にするなど)
③配膳車などを別にする

POINT

- ちょっとした薬の取り違えが命にかかわることも
- 市販薬との飲み合わせや食物アレルギーにも注意を

介護ミス

27

たとえば「誤薬」を防ぐ「共有」のあり方とは

情報伝達のあり方を考えることも重要

介護ミスの中でも、重大な結果を招きやすい誤薬について、確実に防ぐための方策をさらに掘り下げてみましょう。この防止策をたどっていくと、他の介護ミスを防ぐ基本も見えてきます。

前項では「薬の配布」に際しての「取り違え防止策」について述べました。ここでは、その前段階となる「利用者の薬を仕分けする場合」の取り違えを防ぐポイントを取り上げましょう。

①利用者から薬を預かる際に、服薬シートと照らし合わせながら個別に保管して記録をとる、②その日に服用する薬について、朝・昼・晩という具合に時間ごとに整理し記録する、③①で預かった薬と②で整理した薬の記録を照合し、①の残量が正しいかどうかをチェックする、そして④服薬が完了した旨を記録に残す。つまり、利用者が服用するまでの間の「薬の流れ」をポイントごと（この場合は4回）に確認作業を行うわけです。

確認に際しては二重三重のチェックを

ここで大切なのは、それぞれの確認の過程で二重三重のチェックを行き渡らせることです。たとえば、①で利用者から「処方された薬」を預かった場合、必ずふたり以上の職員で記録するようにします。ひとりが薬の種類とそれが何日分であるか、服薬のタイミング、さらに1日および1回の服用量を読み上げ、もうひとりが服薬シートと照らし合わせます。そのうえで、薬をその利用者専用のケースに保管しその旨を記録します。

こうして仕分けをしたのち、現場の管理者（できれば看護師の資格がある人）に記録と保管した

介護ミスを防ぐ情報共有のあり方〈服薬援助の場合〉

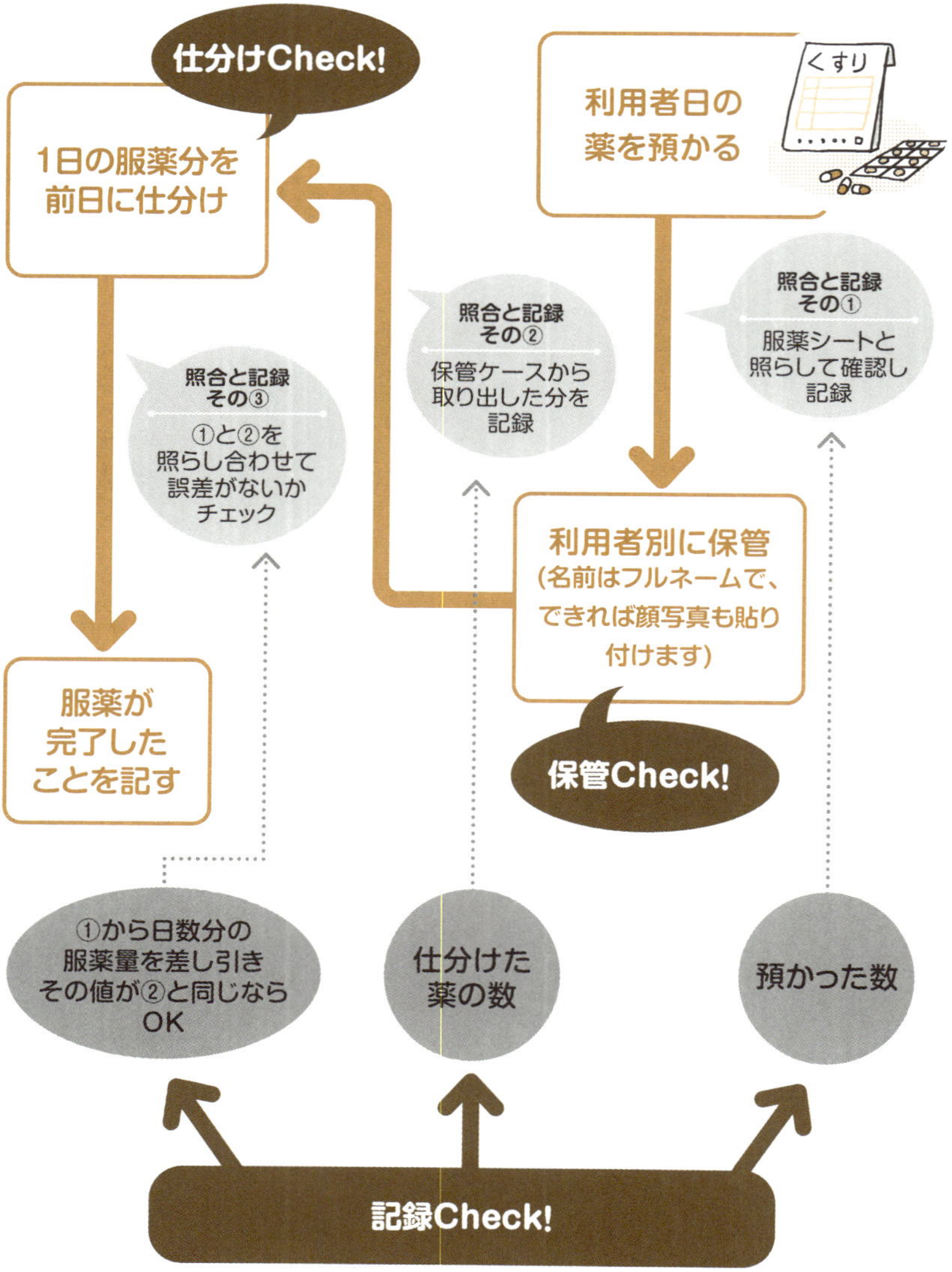

薬を預け、再度間違いがないかどうかをチェックします。保管ケースにはフルネームで名前を記し、できれば顔写真も貼り付けます。

人が動くタイミングでも随時の記録確認

服薬援助にかかわらず、「物や人が動く」という場面では、その「動くタイミング」ごとに記録をとり、それを第三者がチェックする習慣をもつことが介護ミスを防ぐポイントです。

排泄介助やおむつ交換で確認した「便の量」や、脱水リスクのある利用者に対する「水分補給の量」、あるいは低栄養リスクがある人の「食事の量」など、現場では確認すべきポイントがたくさんあります。そのつど記録し、間をおかずに第三者によるチェックを受けましょう。

仮に何らかの大きな変化があった場合、すぐにチームで確認することができれば、疾患などの予兆もキャッチできます。ひとりの職員の手元で「放置する」ことだけは避けたいものです。

介護ミスを防ぐ情報共有のあり方〈その他の場合〉

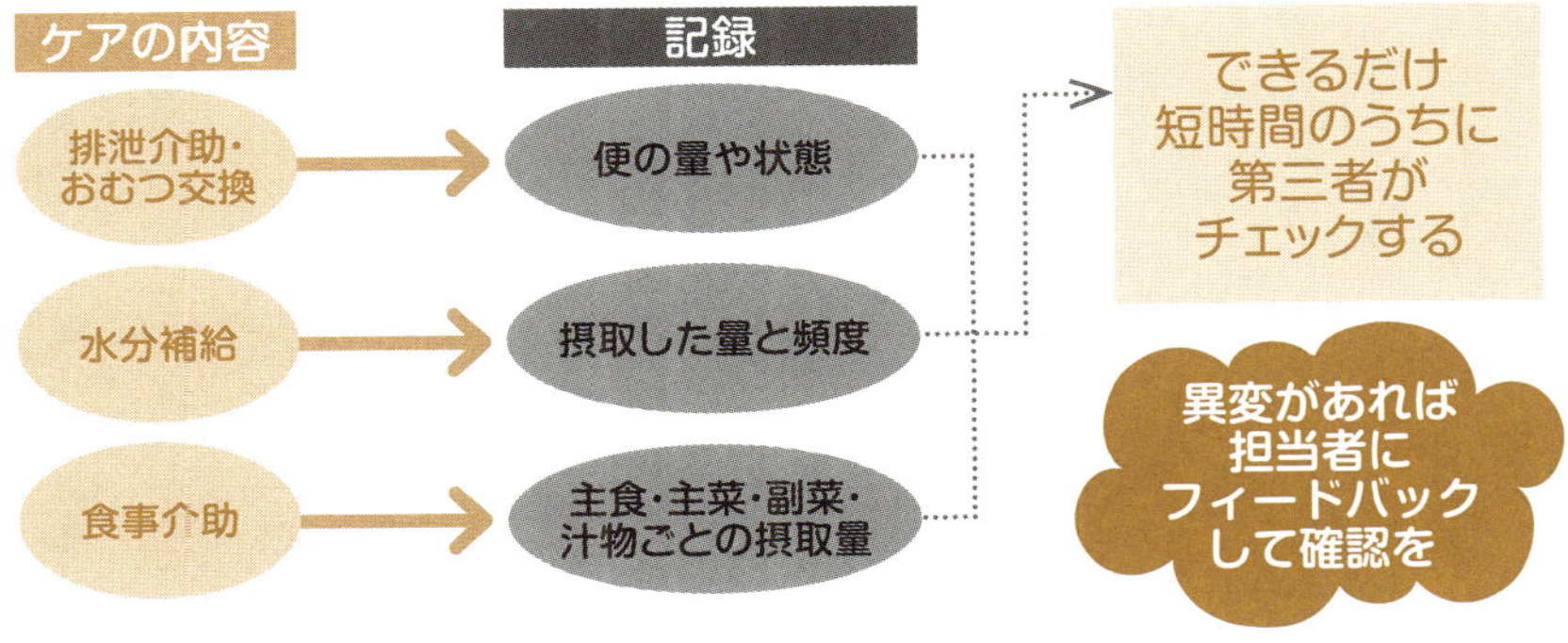

POINT

- 物や人が動くときには、何らかの記録を残しておく
- ひとつの記録は短時間のうちに第三者チェックを

介護ミス

28

たんの吸引などに付きまとう危険も注意

介護職の医行為一部解禁で考えるべきこと

２０１２年度の制度改正により、介護職でも医行為の一部ができることになりました。具体的には、たんの吸引と経管栄養の管理です。（ただし、たんの吸引については「口腔・鼻腔内、気管カニューレ内部」に限られています）。

介護職員がこの医行為を行うためには、①介護福祉士を取得すること、②都道府県などが実施する喀痰吸引等研修（講義＋演習＋実地研修）を修了し、その修了証明書をもって「認定特定行為業務従事者認定証」の交付を受けることが必要です。

そのうえで、事業者側は介護職員にたんの吸引等を行わせるための登録を都道府県に届け出なければなりません。事業者側の登録に際しては、さまざまな書類を提出する必要があります。この書類の中には、業務計画やそれを実施するうえでのマニュアル（業務方法書）、緊急時における連絡体制、ヒヤリハット・アクシデント報告書の様式などが含まれます。事故防止の体制が万全であることが不可欠となっているわけです。

事故を確実に防ぐための３つの流れ

しかし、いくら研修を積み、書類上における事故防止の体制を整えたとしても、職員にとっては高い緊張感が必要な業務には違いありません。

事故を確実に防ぐためには、①マニュアルや医師の指示書、看護師による指導などを職員がきちんと理解できているかどうか、②マニュアルなどを現場で実践するためのＯＪＴなどを行ったのち、職員の技能を評価するしくみがあるかどうか、③職員の心身の状況をしっかりと整えられるだけの勤務体制が敷かれているかどうか——といった点が大きなポイントになってくるでしょう。

慣れによる危険を防ぐために必要なこと

職員の慣れによる事故を引き起こさないためには、医療・看護職と介護職間の「危険に対する意識」がきちんと共有されていることが重要です。

たとえば、気管カニューレ内部の吸引において、誤って吸引チューブを深く挿入しすぎてしまう（介護職ができる範囲を超える）と吸引チューブが気管に当たって刺激を与え、突然の心停止や血圧の低下などを引き起こすことがあります。

こういうリスクについては研修でも教えられますが、現場での実践になると「慣れに従って注意がおろそかになる」ことが起こり得ます。慣れによる事故を防ぐには、「どんな状況が、どうして危険なのか」をしっかり理解することが必要です。定期的に医師などと業務の流れをチェックする機会をもち、「危険がひそんでいたが気がついていなかった」点を見逃さないようにしましょう。

介護職が「たんの吸引」等を行うための条件

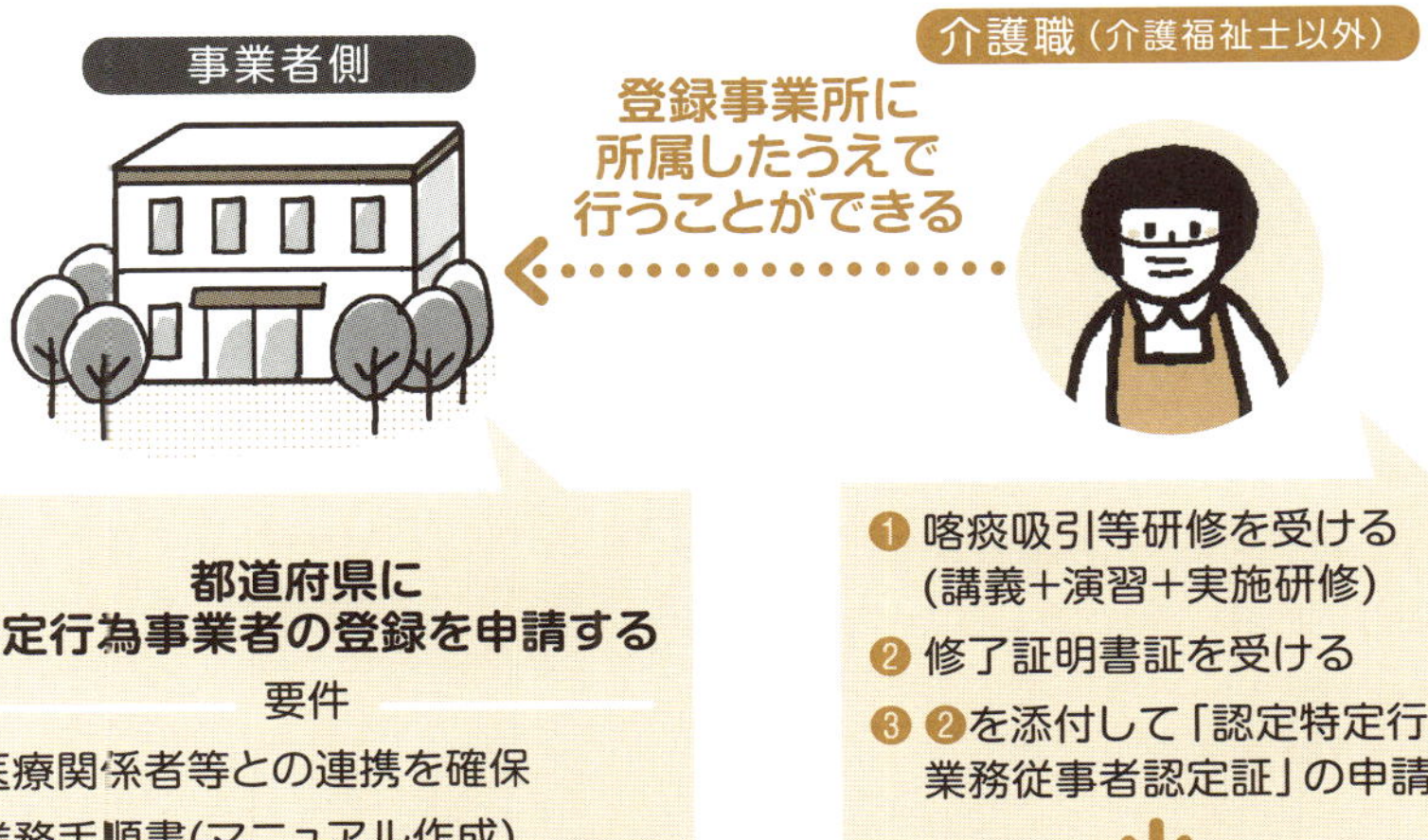

都道府県に
特定行為事業者の登録を申請する

要件

- 医療関係者等との連携を確保
- 業務手順書(マニュアル作成)
- 研修体制やヒヤリハット報告の様式などを整える

❶ 喀痰吸引等研修を受ける(講義＋演習＋実施研修)

❷ 修了証明書証を受ける

❸ ❷を添付して「認定特定行為業務従事者認定証」の申請

↓

認定証の交付

「たんの吸引」等にかかわるマニュアル作成の流れ

連携体制(連携図を作成する)

1

- 医師の指示書をどのように受け取るか?
- 看護師による指導や助言をどう受けるか?
- 事故が発生した場合の連絡体制をどうするか?

など

役割分担

2

- 職員間の情報共有の方法をどうするか?
- 各職員の責任分担をどうするか?
- 利用者・家族への説明を誰が行うか?
- 書類・記録の書き方とその保存方法
- 介護職への指導・ケアなどについての方法
- 状況をどのように医師に報告するか?

など

安全確保について

3

- 「たんの吸引」等にかかわる安全委員会の設立・運営(事故防止委員会の特別分科会とするなど)
- ヒヤリハット・事故報告書の書き方とその保存方法
- 備品の管理などについての具体的方法
- 感染予防・発生時の対応マニュアル

など

POINT

- **介護職のたんの吸引等は、医療・看護との連携が命**
- **異なる職種間の考え方をすり合わせてマニュアルを**

介護ミス 29

生産性向上の過程などで生じやすい介護ミス

制度変更によってリスクが高まるタイミングに注意

２０２４年度の介護報酬・基準改定では、施設系や居住系サービスなどにおいて、介護現場の生産性向上が大きなテーマとなりました。

ここで言う生産性向上とは、テクノロジー等を活用して職員の負担軽減を図りつつ、同時に利用者の安全確保やサービスの質の向上を目指すことです。将来的に労働力人口が減少する時代を見すえた、現場改革の考え方の１つです。

利用者・職員の安全確保が主テーマ

運営基準上では、この生産性の向上に資するための課題分析を行う委員会の開催が義務づけられました（２０２７年３月末までの経過措置あり）。

報酬上では、介護ロボットやＩＣＴ等のテクノロジーを導入しつつ、国が示す生産性向上ガイドラインにもとづいた業務改善を評価した加算が誕生しています。これを、生産性向上推進体制加算と言います。一定の指標のもと、実際に効果が上がった場合には、高単価が算定されます。また、再編された介護職員等処遇改善加算でも、「生産性向上のための取組み」が特に重視されています。

介護現場の未来図が示されているとはいえ、生産性向上推進体制加算の要件であるテクノロジー導入などは、職員の働き方を変えるものであり、一つ間違えると介護ミスを誘発しかねません。

基準上の新設委員会も、事故防止委員会ときちんと連動させながら、利用者と職員の安全確保を確実に図ることが大きなテーマとなります。利用者や職員の状況を評価する新指標も示されたので、現場の体制にうまく浸透させることが必要です。

24年度改定「生産性向上」をミスにつなげないために

【対象：施設系、居住系、短期入所系、多機能系】

❶ 運営基準で、生産性向上の推進に資する取組み促進のため以下を義務づけ

・利用者の安全やサービスの質向上、職員の負担軽減策を検討する委員会を開催（2027年3月末までの経過措置あり）

【留意事項より】

・厚労省の「生産性向上に資するガイドライン」等を参考にする

・事故発生防止の委員会等との一体的運営を行ってもOK

注意したいポイント

- もともとの事故発生防止委員会の機能を損なわせないために

➡事故リスク分析が、結果として「サービスの質向上」につながるという道筋（事故防止と生産性向上の両立のフロー）を明確にしたうえで、全従事者（委員以外も含む）への意識づけを図る

- 参加する職員・幹事の負担が過剰にならないように配慮する

❷ テクノロジーを導入しつつ、「生産性向上に資するガイドライン」にもとづいた業務改善の取組みを行い、一定の指標にもとづいて取組み効果を測定する

➡生産性向上推進体制加算で評価（区分Iは、効果のアウトカムを評価）

注意したいポイント

- 指標による測定に際し、測定者自身の業務負担が過剰になる懸念
- 利用者調査を行う中で、利用者と職員の関係性が変わる懸念

➡測定による業務環境への影響を事故防止委員会で検証する

POINT

- 2024年度改定による「生産性向上の推進策」に注意
- 取組み自体が現場に与える影響を検証する機会を

介護ミス 30

「問題ない」と油断するのが一番危ない

うまくいっていても常にケアの振り返りを

食事介助、排泄介助、入浴介助など、さまざまな業務の中で何から何まで万全に、というわけにはいきません。実は、自分が気づかないところで「介護ミス」の種はいくつもまかれているのです。

たとえば、着替えを介助する際、その利用者の腕の可動域が限られているということを「つい忘れていた」とします。本人が特に「痛み」を訴えなかったため、職員も気づかないままだったのですが、次に同じ介助をくり返してしまったとき、今度は「痛み」を訴えたというケースがあります。

こうした無理な介助によって身体に負担が蓄積すると、後々大きなダメージが出てくることもあります。この場合、最初の段階で「ミスをした」という意識があれば、経過観察をしつつ、次から同じミスを防げます。つまり、自分が「そこでやったこと」の振り返りができているかどうかで、深刻な介護ミスを未然に防げるわけです。

ボードや端末で随時の確認を行う

この点を考えたとき、ひとつのケアの場面が完了するたびに、アセスメントから得られた介護手順や注意事項に再度目を通し、「問題はなかったかどうか」を確認することが必要です。

ある施設では、ステーション横のカウンター上にマニュアルを閉じたファイルを置き、次のケアに移る際に担当職員が「目を通せる」よう工夫してあります（個人情報の扱いに注意）。職員がミニタブレットやスマートフォンを携帯し、その端末から「次に介助する利用者」の注意事項を随時確認できるという仕組みも見られます。

ひとつのケアシーンごとに「振り返り」の機会を

例 利用者の体位交換を行う場合

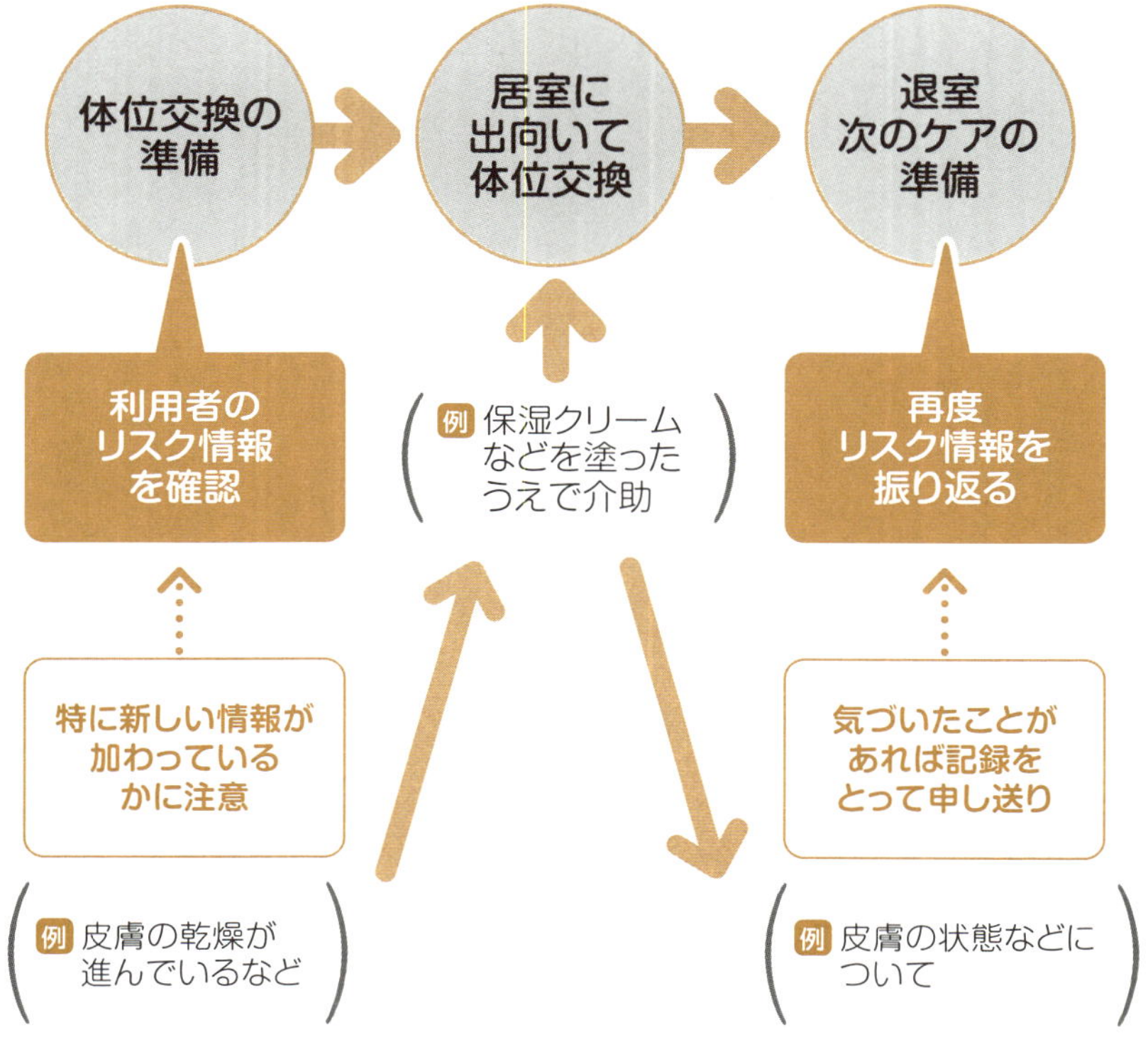

※ステーションのカウンターに備えたファイルや各種端末での情報共有

POINT

- 「問題ない」と思った場面にもミスが潜んでいる !?
- ひとつのケアが済むごとに振り返りの習慣を

介護ミス 31

介護ミスを防ぐ「大きな力」とは？

利用者との協力関係を築くことも重要

ケアの振り返りがなかなかできないという背景のひとつに、そもそも「介護とは何か」という根っこの理解が不十分である点があげられます。

介護とは、職員から利用者への一方的な介助動作で成り立っているものではありません。職員が身体の一部を押したり、言葉をかけることで、どんなに状態が重い人でも何らかの反応を示します。

たとえば、移乗介助において、肩の後ろのあたりをちょっと押すことで、利用者が前かがみになり体重を前へ移動させようとします。その体重移動の動作ができれば、職員側は少ない力で利用者の身体をもち上げることが可能です。

このとき、職員と利用者の間にはひとつの「協力関係」ができあがっています。もっと言えば、職員がどのようなアクションをとるかという流れを、習慣として身体に刻みつけているのです。そこには人と人の間の信頼関係があるわけです。

利用者の反応から「ミス」に気づく

この点を考えたとき、職員の動きの中に利用者に不快感を与えたり、いつもの習慣と違うアクションがあれば、そこには「利用者側からの何らかの反応」が起こっているはずです。たとえば、緊張して身体がかたくなる、動作に戸惑いが見られるといった具合です。その反応に敏感になっていれば、「どこかにミスが生じているのかもしれない」という気づきを得ることができます。

このように、利用者のさまざまな反応によってケアの振り返りが可能になります。こうした意識をもつことは介護ミスを防ぐ大きなポイントです。

利用者の「反応」から自分のミスに気づく

この協力関係が築かれていないと……

・必要以上に介護側が労力を要する
・利用者が「不測の動き」をする
・利用者の筋肉の硬直などが生じる

これらが感じられたときには、そこに「ミス」が生じている可能性を意識する

POINT

- 介護業務は「利用者との協力関係」で成り立つもの
- 「利用者の反応」に敏感になって大きなミスを防ごう

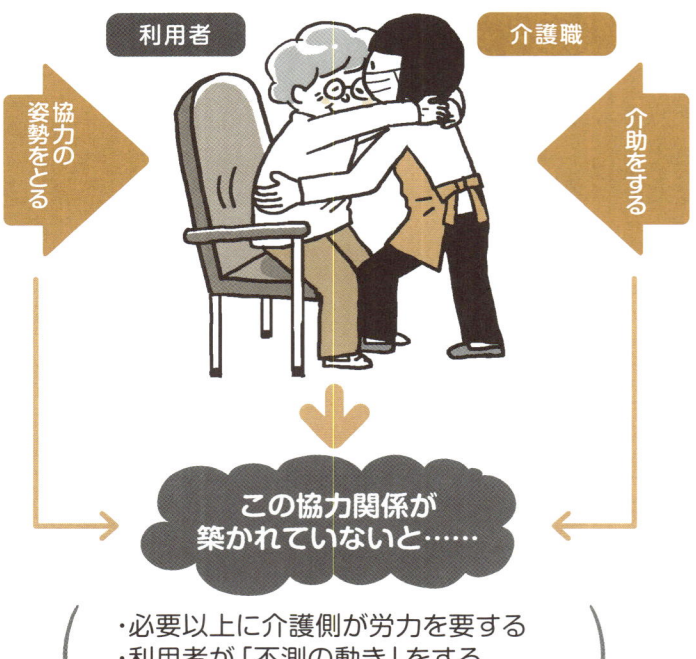

コロナ禍を経て感染症対策の意識は高まっているが……

介護現場で注意するべきさまざまな「感染症」について

２０２０年半ばから急速に拡大した新型コロナウイルス感染症は、介護現場の感染症対策のあり方を大きく揺るがしました。感染拡大防止の基本は変わらないものの、その精度をそれまで以上に高めることが必須となりました。

２０２１年度の運営基準改定では、施設系だけでなく全サービスを対象に、感染症の発生・まん延防止にかかる以下の取組みが義務づけられました。①委員会の開催、②指針の整備、③研修の実施、④訓練（シミュレーション）実施です（④については、施設系でも新たに義務づけ）。

さらに、２０２４年度改定では、施設系・居住系サービスで、高齢者施設等感染対策向上加算が誕生しました。たとえば、区分Ⅰでは新型コロナウイルスを含む一般的な感染症の発生時を想定し、協力医療機関等との間で取り決めを結ぶことが要件です。また、医療機関との連携による研修・カンファレンスの実施等が要件となるなど、感染症対策をめぐる対医療連携の強化が図られました。

重症化しやすい要介護者は要注意

今もなお、定期的な感染拡大が認められる新型コロナウイルス感染症ですが、かねてから介護現場にはこれ以外にもさまざまな感染症のリスクが潜んでいます。季節性のインフルエンザやノロウイルスによる感染性胃腸炎、ＲＳウイルスによる感染症、大量調理の場で特にリスクが高まるウエルシュ菌による食中毒なども注意が必要です。

特に要介護者の場合は抵抗力が弱まっていたり、腎臓の機能低下による脱水リスクがあるため、先

介護現場の感染症等が深刻化するわけ

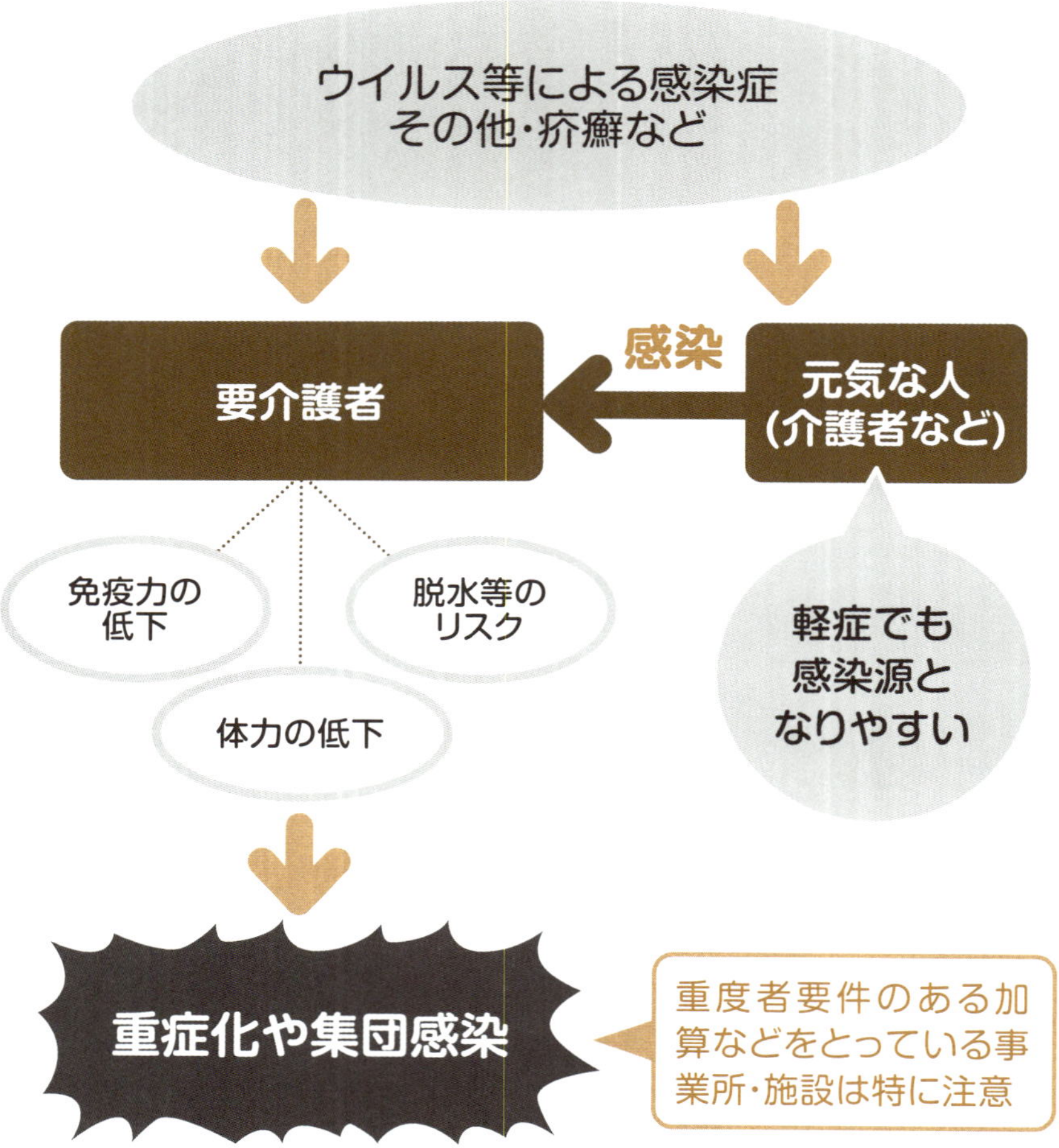

Check!

- 免疫力などが低下している利用者は重症化に注意
- 施設・通所などでの「集団」の場は感染拡大に警戒

のような感染症にかかると重症化しやすく、時には命にかかわるケースもあります。

ノルウェー疥癬による爆発的な感染も

介護現場での感染が問題になるケースとして、疥癬にも注意が必要です。疥癬はヒゼンダニというダニが人の皮膚に寄生することで発症します。

特に、免疫力の落ちている要介護者は重症化してノルウェー疥癬（角化型疥癬）になるおそれもあります。かゆみが極めて強くなる場合もあり、夜眠れなくなるなど、利用者の生活状況にも大きく影響します。感染力が強く、爆発的な感染につながりやすいのもノルウェー疥癬の特徴です。

肝炎についても正しい知識修得が必要

また、B・C型のウイルス性肝炎のように患者の血液を介した感染症もあります。

普通の日常生活を送る中では感染の心配はほとんどありませんが、介護現場ではときとして利用者の血液などにふれることがあるため（突然の吐血など）、感染の可能性はゼロではありません。

過剰に恐れたりする必要はないものの、ごく常識的な対応は頭に入れておきましょう。

①歯ブラシ・カミソリ等、患者の血液がつく可能性があるものを共用しない（取り違えに注意）

②患者の血液や分泌物がついたものはしっかり包んでから捨てる。洗濯する場合は漂白剤につけたうえで、流水でよく洗い流す

③患者の外傷を手当てしたり、相当量の血液にふれざるを得ない場合は手袋を装着する。万一、血液に直接ふれた場合はしっかり洗い流す

新型コロナやインフルエンザ以外の感染確率が低い感染症でも、感染症対策のマニュアルを整えておき、そのつど研修や訓練を行いましょう。

ウイルス性肝炎に対する正しい知識を

例：B・C型肝炎のケース

B・C型肝炎とは?

- 接触・飛沫による感染はない
- 日常の普通の生活をしていれば大丈夫

↓

この前提をふまえたうえで、現場で注意したいこと

1. 本人が使う歯ブラシ・カミソリ等の取り違えはないか?
2. 本人の血液がついた衣類について、他の人とは別にし、漂白剤をつけて流水でしっかり洗い流しているか?
3. 血液にふれざるを得ない場合は手袋をしっかり装着しているか?

POINT

- ウイルス性肝炎などについては、まず正しい知識を
- 利用者が出血した場合などの対応を冷静に修得する

感染症

33

スタンダードプリコーションをタイミングごとに徹底する

正しい知識でプロとして予防を行うことが重要

介護現場における感染症リスクへの対処の基本は「日常の地道な予防」です。たとえば、日々の手洗いとうがいの徹底、マスクの着用で多くの感染症を防ぐことができます。これをスタンダードプリコーション（標準予防策）と言います。

「手洗いとうがいならプライベートでも毎日実践している」と思うかもしれませんが、介護のプロとしてはこの「実践」のレベルを上げることが必要です。介護現場では、プライベートな「手洗い・うがい」のレベルでは不十分と考えましょう。

日々の業務の中には、ケア（移乗・移動の介助、排泄介助など）ごとに利用者の身体に一定時間ふれたり、ごく近い距離をとる場面があります。つまり、インフルエンザの主な感染経路である飛沫感染（咳やくしゃみのしぶきによる感染）、疥癬の接触感染（皮膚などに直接ふれることによる感染）、さらには新型コロナウイルスでは飛沫・接触感染に加えてエアロゾル感染（空気中に漂うウイルスを含む粒子を吸い込むことでの感染）といったリスクがそのつど生じているわけです。

介助行為の間ごとに「手洗い・うがい」

この点を考えれば、ひとつの介助行為が終わり、次の介助行為に移るタイミングで「手洗いとうがい」を確実に行うことが求められます。その際は、介助などを完了した場所（利用者の居室やユニットのリビング、トイレなど）と「手洗い・うがい」を行う場所の距離はできるだけ近く、その間に他の利用者と接触しない位置関係がベストです。

施設における水回りの配管などの条件もありま

介護現場での「手洗い・うがい」のタイミング

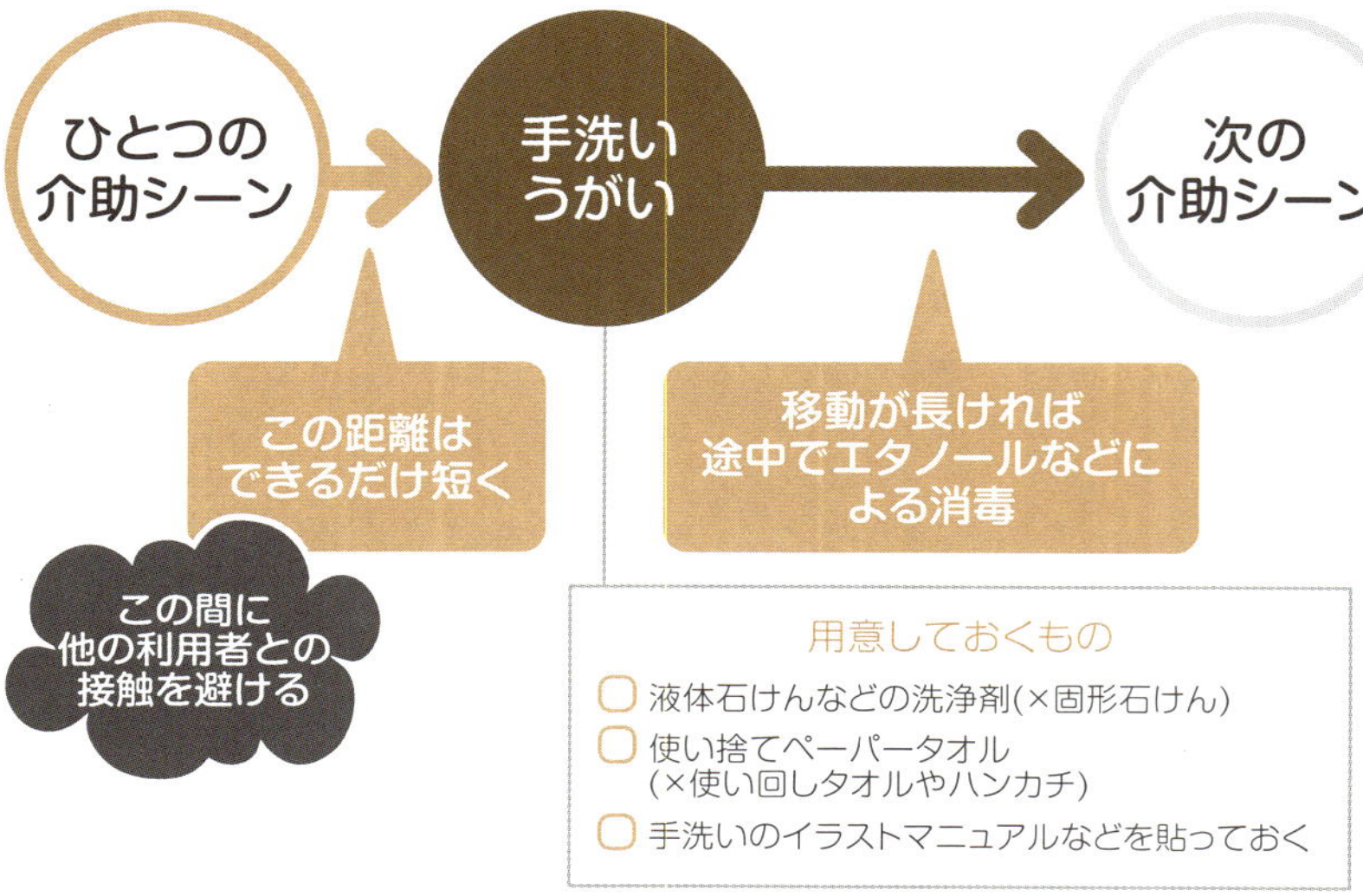
ひとつの
介助シーン
手洗い
うがい
次の
介助シーン
この距離は
できるだけ短く
移動が長ければ
途中でエタノールなどに
よる消毒
この間に
他の利用者との
接触を避ける
用意しておくもの
液体石けんなどの洗浄剤(×固形石けん)
使い捨てペーパータオル
(×使い回しタオルやハンカチ)
手洗いのイラストマニュアルなどを貼っておく

すが、少なくとも「日常の業務を行う場所」を施設内見取り図などで確認して、移動の際「どの場所でリスクが高まるか」を感染対策委員会等で分析しておきたいものです。

手洗いもプロならではの入念な方法で

どうしても「手洗い・うがい」がしにくくなるタイミングが生じるようであれば、少なくとも手指消毒の機会を設けます。

ただし、ノロウイルスのように、エタノールによる手指消毒では除菌の効果が薄いケースもあります。流行シーズンでは、専用の消毒剤を用意するなどの対処が必要です。また、手洗いも「プロならでは入念な方法」があります。図を参考して実践してください。

なお、利用者に感染力の強い新型コロナウイルスの感染者が発生した場合には、ゾーニング（感染者のいるエリアとそれ以外のエリアを分ける）を行いつつケアに臨みます。このあたりは１３０ページを参照してください。

介護職が実践したい手洗いマニュアル

1 洗浄剤をつけて十分に泡立てる

2 手のひらと甲を5回ずつ洗う

3 指を組み、指の間を5回ずつ洗う

4 親指を包みこむようにして5回ずつ洗う

5 指を反対の手の甲に立てながら指先を5回ずつ洗う

6 両方の手首を5回ずつ洗う

※全体で30秒以上の時間をかけてじっくりと!

※さらに爪の間を爪ブラシでみがくとベター!

POINT

- 同じ「手洗い・うがい」もプロならではのやり方を
- ケアの場面ごとに徹底することが感染症根絶に重要

感染症
34

どんなときに感染症のリスクが高まるか

スタンダードプリコーションの不徹底が感染症の発生につながる

　スタンダードプリコーションである「手洗い・うがい」ですが、日常のめまぐるしい業務の中ではときに「忘れてしまうこと」も起こり得ます。そうした「忘れがちになるタイミング」をあらかじめ頭に入れておき、集中力が低下しないような意識づくりを進めることが重要です。

　ここでもデータの蓄積がポイントになってきます。たとえば、介護記録を見返してみると利用者の24時間の行動パターンが見えることがあります。この記録とその時々の職員の人員配置とを照らしあわせれば「短時間で長い距離を移動しなければならない」というタイミングをはかれます。

　この分析結果を注意事項として掲示したり、携帯する端末のアラームなどで知らせることで、職員に注意をうながすことができます。

プライベートで「無頓着になる」瞬間

　もうひとつ重要なのは、職員自身が「自分の健康状態に無頓着になる」タイミングです。たとえば、新型コロナの感染拡大期やインフルエンザシーズンに電車通勤をしている職員がいるとします。サージカルマスクを着けることで満員電車の中での感染はある程度防げますが、朝バタバタしているとついそれを忘れてしまうことがあります。また、年末年始の外食シーズンで、ノロウイルスの感染源となりやすい二枚貝を食べたという場合などもリスクが急速に高まります。

　チームとして職員のプライベートまでは管理できませんが、事前にマニュアルを配布するなどして意識づけをはかることが必要です。

スタンダードプリコーションが「おざなり」になるタイミング

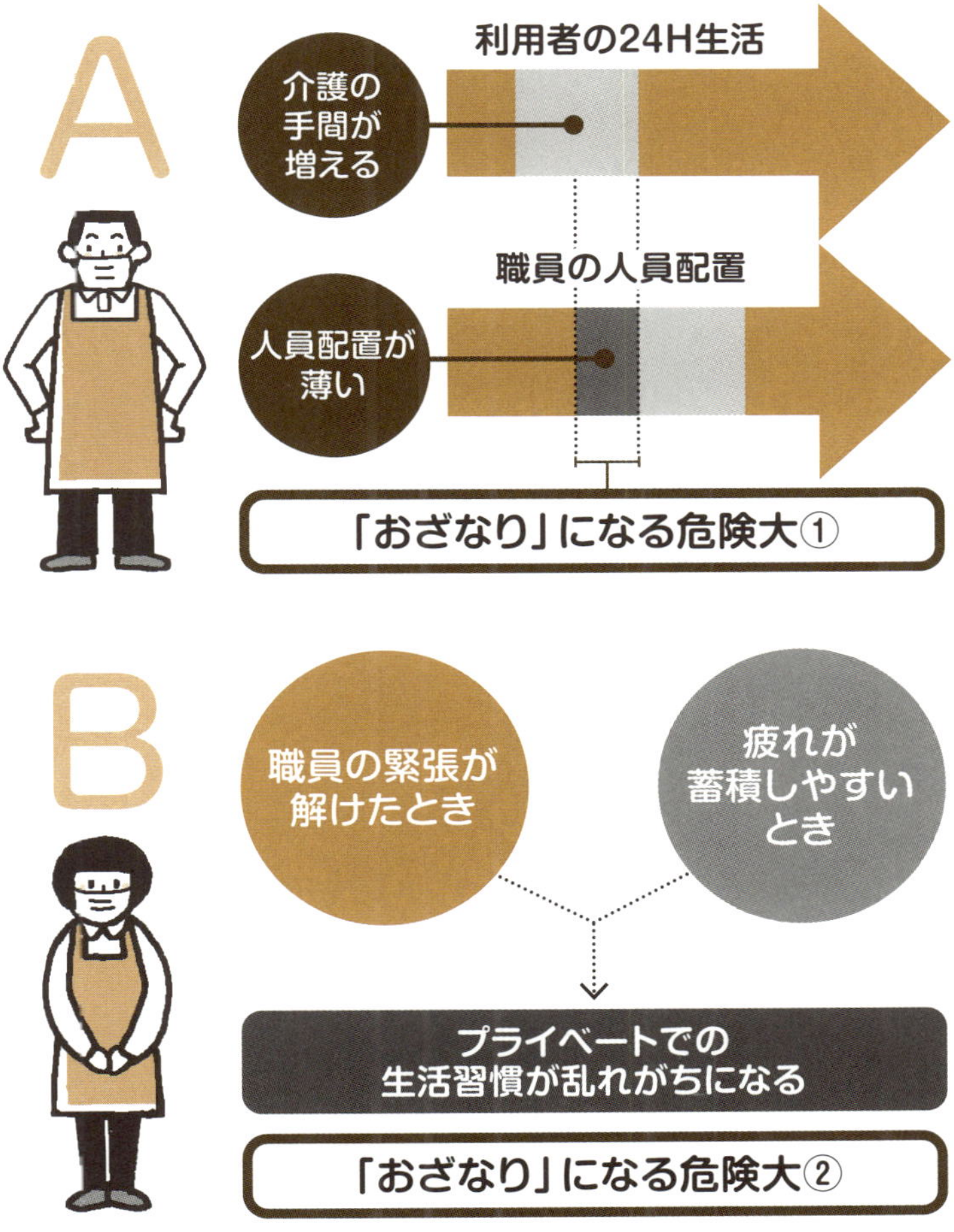

POINT

- 慌ただしさと人員配置の薄さが重なるときが危ない
- 職員自身の私生活でも「気が抜ける」ときに注意を

感染症

35

感染が予想されるルートで多様な対応を

利用者・家族にも手洗い・うがいなどを励行する

利用者の感染トラブルを防ぐうえでは、まず介護職側が感染源とならないよう気を配ることが第一です。しかし、感染のルートとしては他にも「利用者→利用者」、「家族→利用者」というパターンがあることを頭に入れておく必要があります。

前者は、おもに施設や通所など「利用者が集まる場」で利用者同士が接触することで発生します。これを防ぐためには、ウイルスなどの運び役にならないよう利用者自身に手洗いなどをうながすことが求められます。特にトイレや外出から帰ったあと、食事の前など、「利用者側のスタンダードプリコーション」を進めていきましょう。

利用者の手洗い・うがいが難しいことも

とりわけ問題なのは、自立度が高い利用者の場合です。そうした人は次々と場所を移動するがゆえに、手洗い・うがいをうながすタイミングが難しくなります。認知症の人の場合は、うながしてもそのとおりにしてもらえるとは限りません。

うがいの場合も、嚥下困難がある人は口腔・咽頭周辺の筋肉が衰えていて、うまくできないことがあります。こうした部分に気を配りつつ、一人ひとりに実践していくとなれば、人手が足りなくなって他の事故を防ぐための見守りがおろそかになる可能性もあります。

そこで、手洗いやうがいを進める余裕がなくても、少しでもリスクを減らす方法がないかを考えてみます。たとえば、外出のときは付き添いの職員が「アルコールを配合した除菌ウェットシート」などをもっていき、施設に帰ってきたら玄関先で

利用者側の「自力による手洗い・うがい」が難しいとき

手洗い

- エタノールによる手指消毒
  （ハンドマッサージを兼ねると本人の抵抗もやわらぐ）
- 除菌用ウェットシートを使う
  （ノンアルコールタイプを。認知症の人の誤食に注意）

うがい

- 口腔ケア用スポンジにうがい薬をつけて口腔内をきれいにする
- 認知症の利用者には職員が一緒になって手本を示す
  （誤飲などに注意）

**自力で「できる」人のために、
洗面台に花を飾ったり、芳香剤を備えたりするなど
「うがい・手洗い」の場の快適性を高める工夫を！**

利用者一人ひとりの手指をこれで消毒します。

また、うがいに関しては、朝晩や食事前後の口腔ケアの機会を利用しましょう。自分で「うがい」ができる人であればうがい薬をまぜた水を渡してやってもらいます。「できない人」（口腔状況に問題がある人や認知症でうがい薬を飲んでしまう危険がある人）の場合は、口腔ケア用のスポンジブラシにうがい薬をひたし、それで口の中を丹念に消毒するという方法をとるようにします。

家族がウイルスを運ぶことも想定

後者の「家族→利用者」のケースですが、リスクが高まるのは①家族が感染していて施設などに面会にくる、②家で利用者本人と接する中で感染させてしまう（そのまま利用者が通所などへウイルスを運んでしまう）というパターンです。

このあたりは、家族側への啓発が必要となります。家族に対しては次ページの図に示したような対応をとりつつ、少しずつ理解を求めながら地道に感染を防いでいきましょう。

家族への啓発を進めるにはどうすればいい？

❶ 事業所・施設内の「感染症対策」のマニュアルを一般家庭向けにわかりやすく再編

家族会で配ったり、家に郵送する

❷ 感染拡大の兆候や感染症シーズンが近づいたら注意をうながす「お知らせ」を配布

家族会を開いて口頭でも説明

❸ 面会などに訪れる家族に対しては入り口で手指の消毒やマスクの着用などをお願いする

エントランスに洗面所がある場合には、
家族用の「うがい薬」なども受付に用意しておきたい

POINT

- 利用者自身のうがいや手洗いも代替えを含めて徹底
- 感染症シーズンには、家族への啓発を進めることも

感染症

36

新型コロナをはじめとする感染を拡大しないためのマネジメント

感染症のシーズン・拡大期を乗り切るために

新型コロナウイルスは、次々と新型株が登場し、周期的な感染拡大が今も続いています。また、インフルエンザウイルスやノロウイルスによる感染症については、季節（特に冬場）によって定期的な拡大が全国規模で確認されています。

厚労省や感染研からの情報をチェック

新型コロナや季節性インフルエンザなどの主だった感染症については、厚労省や国立感染症研究所のホームページで拡大状況などの直近情報を確認することができます。特に著しい拡大が予測される際には、厚労省がトップページで警戒を呼びかけます。感染症対策の担当者は、まず日々厚労省等のホームページをチェックしましょう。

また、新型コロナウイルスの例を見てもわかる通り、その時々の医学的な知見によって、予防や発生時の対処法が更新されることがあります。情報が更新された場合は、自事業所・施設の感染症対策マニュアルと照らし合わせて、随時更新したうえで全従事者への周知を図ります。

感染確認のチェック項目も備える

なお、感染のまん延を防ぐには、発生時からの迅速な対応を図るために、「感染確認のチェック項目」も備えておく必要があります。厚労省が示す「感染対策の手引き」では、感染症の種類ごとに「発症時の症状の特徴」が示されています。これをチェックリスト化することで、さまざまな介助時での気づきを得やすくしておきます。

症状が確認されたら、誰にどのように報告する

発症時の対応もあらかじめ整えておく

❶ 発症の早期発見のチェックリストを整える

例：新型コロナウイルスの場合
発熱、呼吸器症状、倦怠感、頭痛、消化器異常、味覚・嗅覚異常、関節痛など

❷ 発症発見時の連絡・指示系統のフローチャートを整える

職員 ⟷ 感染症対策担当者 ⟷ 管理者 ⟷ 医療機関 行政機関

→ 何をどのように伝えるのかも定めておく

❸ 感染者が発生した場合の現場体制を決めておく

例：ゾーニングやコホーティング

か、報告を受けた管理者等が現場にどのような指示を出すのかなどについても、フローチャートを作成しつつルール化を図ります。事業所・施設外の機関（医療機関、行政機関、保健所など）との連携方法も明記しておきましょう。

ゾーニングやコホーティングも

新型コロナウイルスのように、エアロゾルによって感染力が強い場合には、拡大防止のために十分な換気をはじめ、現場の体制や利用者の生活エリアの再編も必要です。ゾーニング（区域分け）やコホーティング（隔離）がこれに当たります。

たとえば、介護施設におけるゾーニングでは、感染した利用者がいる区域とそうでない区域を分けたうえで、職員もそれぞれの受け持ち内から行き来しないようにします（職員用の更衣室も各区域で設定することが推奨されている）。

もちろん、職員にとっては心理的にも大きな負担となるため、特に感染者のいる区域の担当職員へのアフターフォローの体制も整えておきます。

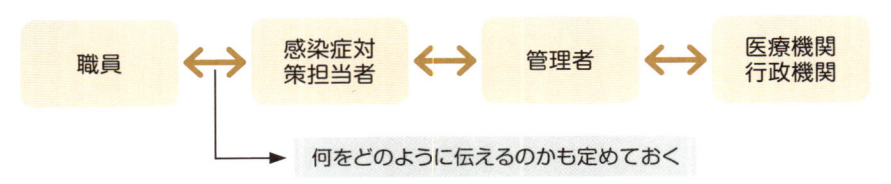

ゾーニングとコホーティングについて

ゾーニング（区分け）

感染症にかかった
利用者がいるエリアA

⇔

感染症にかかっていない
利用者がいるエリアB

Aの中では、動線が交差しないようにし、利用者が使用した物品は、その中で廃棄・消毒

各エリアの受け持ち職員を決め、各職員および利用者はAとBを行き来しない

更衣室での職員の接触を避けるため、できれば各エリアに更衣室を設定することが推奨される（原則、家族の面会は断る）

コホーティング（隔離）

感染症にかかった利用者は個室で管理（または1か所の居室に集める）

←

職員

入室時には必要な個人防護具を着用。退室時には使用後の個人防護具を脱ぎ、手指衛生を行ってから退室（手袋やエプロンは退室前に外し、感染性廃棄物に廃棄）

利用者は居室の外に出ないようにする（トイレが室外にある場合には、ポータブルトイレを使用）。原則、家族の面会は断る

POINT

- 厚労省等からの情報によりマニュアルを随時更新
- 発症確認マニュアルや発症時のフローチャートも

感染症

37

さまざまなアフターフォローに心を配る

感染症が利用者に与える影響にも配慮

ひとたび感染症が発生した場合、発症した利用者本人、あるいは周囲で生活の場を共有している人にはさまざまな影響が及びます。

たとえば、発症して入院したり隔離が行われた場合、その人の生活のペースはどうしても乱れてしまいます。完治した後も、ＡＤＬや生活意欲の低下などによって一気に要介護度が重くなってしまうというケースもあります。また、転倒・転落といった事故リスクが高まることも頭に入れなければなりません。

本人の心理的な混乱を最小限にとどめるために、職員は発症の段階から「回復後はどのような態度で接するべきか」を考えておきましょう。感染症が拡大する中では、どうしても職員が神経をとがらせて、本人への口調が自然と厳しくなる場合がありますが、こうした空気が心理的ダメージを深めることに注意する必要があります。

他の利用者やかかわる職員への気づかいも

もちろん、本人が介護現場に復帰してきた際には、ＡＤＬや内部疾患の状況、栄養状態といったアセスメントを再度取り直します。そのうえで、他の事故リスクなどが高まっていないか、短期的にも気を配るべき点はないかどうかを検討します。

また、集団感染が発生した場合、発症した本人だけでなく他の利用者の生活にも大きな影響が及びます。この場合も、集中的に全員のアセスメント情報を見直し、何らかのリスクが生じていないかを確認しましょう。同時に、負担が高まる職員側へのケアも進める必要があります。

感染症が発生したあとの「人」へのフォロー

利用者

❶入院・隔離によるADL・活動意欲の低下
❷周囲が慌ただしくなる中での心理的ダメージ
❸体力が回復していない中での事故リスク

（
・アセスメントやサービス提供計画の見直し
・ベテラン職員の寄り添いによるメンタルケア
・服薬・栄養状態、認知症のBPSDなどに注意
）

職員など

❶業務量の一時的増加による疲労蓄積
❷職員自身が感染した場合の復帰の遅れ
❸家族側にもダメージが生じている可能性

（
・代休などを取りやすくして体力回復を
・仕事の勘が戻っていないことを想定したOJT
・相談員による利用者の家族側の状況確認
）

POINT

- 症状が収まった後にもさまざまなリスクが生じる
- 職員や家族にも何らかのダメージが残る点に注意を

認知症 38

中核症状のリスクとBPSDによるリスク

認知症で起こりやすい事故とは何か？

介護事故・トラブルは直接的、間接的にしろ「認知症」によって引き起こされるケースが目立ちます。これを防ぐには、まず認知症という病気をきちんと理解することが大切です。

たとえば、レビー小体型認知症は進行が進むと、パーキンソン病に似た症状が出て身体のバランスが取りにくくなり、転倒・転落などの事故リスクが高まります。認知症の中核症状（基本的症状）で生じるリスクと言えます。

認知症全般では、見当識などが衰えることによって周囲の状況との折り合いが難しくなり、それが事故・トラブルを生むこともあります。自力歩行の困難な人が、自分の状況を認識できないまま「自分は歩ける」という前提で立ち上がって転倒してしまうケースや、食べられないものを「食べ物」と認識して口に入れてしまうことで事故につながるケースもあります。これらは中核症状がその人の心理に影響を与えたこと（ＢＰＳＤ〈認知症行動・心理症状〉）で生じたリスクです。

持病の悪化や服薬状況による影響も

中核症状でもＢＰＳＤによるものでも、生じるリスクは認知症の原因となる疾患ごとに変わってきます。また、同じ疾患であっても病気の進行状況でリスクは常に変化します。

そこで、「認知症の原因疾患は何か」をまずはっきり認識し、それが本人の心理にどのような影響を与えているかを知ることが必要になります。また、その人の持病や服薬状況が認知症の人の心理や行動に影響を与えている可能性もあります。

中核症状の進行、ＢＰＳＤの悪化で生じるリスク

持病の進行や服薬状況によって
BPSDの悪化が進むことも

POINT

- 中核症状と BPSD の悪化による症状を分けて考える
- 持病や服薬状況がリスクを左右する場合にも注意

認知症

39

リスクの高まる瞬間を見逃さないために

事故防止の観点でみた初期対応の進め方

介護現場に入ってきたときからすでにＢＰＳＤが悪化している場合や、環境が変わることでさらに本人の混乱が強まるケースがあります。こうした状態をそのままにして「利用者と向き合う」だけでは、目の前で起こる出来事だけに対応するのが精一杯です。つまり「モグラ叩き」状態になり、職員の疲弊につながります。

そこで必要になるのは、最初に以下の点をしっかりと分析し、リスクを予測することです。それは、①本人の中核症状はどこまで進んでいるのか、②ＢＰＳＤの悪化をもたらしている原因は何か（環境によるものか、持病の悪化や服薬の状況が影響していないか）、③どうすれば②を取り除くことができるか、という3点です。正確な認知症診断や持病悪化の可能性を探るという点で、医療や看護など多職種による対応も必要になります。

まず信頼できる認知症専門医を探す

現在国が進めている認知症対応のしくみとして、認知症初期集中支援チームの立ち上げがあります。これは、介護職や認知症サポート医などがチームを組んで、先に示した①～③にもとづくアセスメントの他、ＢＰＳＤや本人・家族の生活環境改善に向けて集中的な支援を行うというものです。

こうした取組みによって、その人のリスクはどこにあるのか、それを防いでいくにはどうしたらいいのかという道筋がつけやすくなります。この初期集中支援チームのような対応を、それぞれの現場でも仕組みとして整えていきましょう。

その前に、まず信頼できる認知症専門医を探し、

事故リスクを予測するために必要なこと

❶ 本人中核症状はどこまで進んでいるのか?

↓

BPSDに覆われて中核症状そのものが見えにくくなることも
CT・MRI・脳血流検査などを含めた客観的な診断が必要

❷ BPSDの悪化をもたらす原因は?

↓

本人をめぐる環境や周囲の接し方、
あるいは持病の悪化(痛みなど)、服薬の状況などを総合的に分析

❸ ❷を取りのぞくために必要なことは?

↓

持病の悪化防止に向けた健康管理、環境を整えるためのケアの視点など
外部の専門職の協力も得て多職種連携で取り組む

常に協力体制をとれるようにしておくことが必要です。地域にある認知症疾患医療センターや医師会などにコンタクトをとり、協力してくれる医師がいないか探してみましょう。訪問看護※のネットワークなどと連携する方法もあります。

最初の情報を現場で「検証」する

次に、本人の認知症や他の疾患についての正確な情報を集めます。ケアマネジャーなどから情報がすでに届いている場合でも、それをもう一度検証するという姿勢が大切です。受け取った情報を信頼しないのではなく、その人を診断した医師が認知症の専門医ではない場合があるためです。

また、2024年度改定で導入された「生活・認知機能尺度」などを活用しつつ、現場なりにその人の認知機能の状態を評価しておくことも必要でしょう。そのうえで、どのような事故リスクが生じる可能性があるかを先の①〜③に沿って考え、リスクを「見えるように」していきます。

※認知症認定看護師を見つける方法も。

認知症の「初期集中支援」に必要なこと

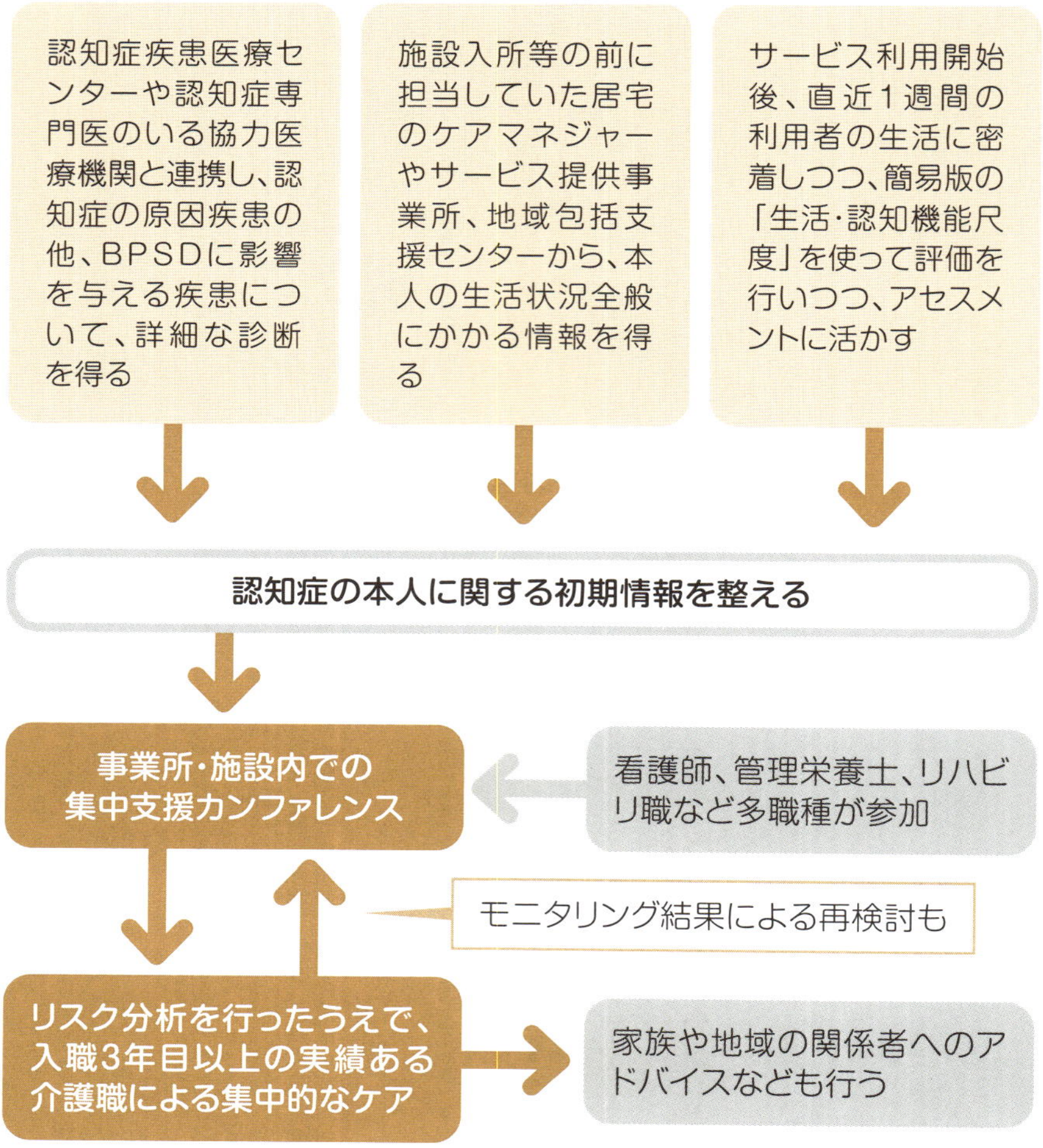

認知症疾患医療センターや認知症専門医のいる協力医療機関と連携し、認知症の原因疾患の他、BPSDに影響を与える疾患について、詳細な診断を得る
施設入所等の前に担当していた居宅のケアマネジャーやサービス提供事業所、地域包括支援センターから、本人の生活状況全般にかかる情報を得る
サービス利用開始後、直近1週間の利用者の生活に密着しつつ、簡易版の「生活・認知機能尺度」を使って評価を行いつつ、アセスメントに活かす
認知症の本人に関する初期情報を整える
事業所・施設内での集中支援カンファレンス
看護師、管理栄養士、リハビリ職など多職種が参加
モニタリング結果による再検討も
リスク分析を行ったうえで、入職3年目以上の実績ある介護職による集中的なケア
家族や地域の関係者へのアドバイスなども行う

POINT

- 最初に「認知症をめぐる」３つのポイントを分析
- 認知症の初期集中支援をサービス現場でも実施

認知症
40

失認による転倒や誤食・誤飲などを防ぐ

重大事故につながるリスクにまず着目

中核症状が進んだことによる転倒・転落および誤嚥については、それぞれの章を参照してください。ここで問題にしたいのは、認知症で見当識が衰えることによる事故、その中でも大きなケガや命にかかわる結果をもたらしやすいケースです。

たとえば、失認によって立ち上がったり、歩き出そうとするケース。通常の転倒よりも「意識と身体の状況」とのズレが激しくなりがちで、それゆえに最低限の受身が取れずに強く頭を打つなど危険が高まります。また、いすからの立ち上がり方がわからず、肘掛けを乗り越えるような形で激しく転落するといった事例も見られます。

重大な結果をもたらすという点では、誤食・誤飲もあげられます。介護現場に必ずある消毒薬などを飲料と誤認して飲んでしまうケースや、ティッシュや使用済マスクを「食べ物」と誤認して喉に詰まらせてしまう例もあります。いずれにしても、最悪の場合は生命にかかわってきます。

利用者の生活歴をふまえた環境チェック

これらを防ぐには、環境面でのリスク対策を考えることが第一です。利用者の日常の生活行動の範囲内で、失認によって大事故につながる環境や誤食・誤飲しそうなものが放置されていないかなどをチェックしてください。

たとえば、フロアなどの見取り図を用意し、利用者の生活行動を頭に入れたうえで、本人の視点に立ちながら環境をチェックするといった定期的な環境アセスメントを行っていきましょう。

誤飲・誤食につながる危険物は「手の届かない

見当識の衰えから生じる重大な事故

パターン1　転倒・転落事故

本人の見当識
自分は
「歩ける」「立てる」

⟷ ズレが大きいゆえに本人に与える衝撃も大きい ⟷

実際の状況
本人は自力での
歩行・立位が困難である

**無理な体勢での転倒・転落
あるいは頭を強く打つなどの大事故に!**

パターン2　誤食・誤飲事故

本人の見当識
・お腹がすいた
喉がかわいた
・これは食べ物だ(飲み物だ)

⟷ 危険物を(高い頻度で)口にする ⟷

実際の状況
・実は食事をしたばかり
(空腹状況のズレが生じる)
・食べ物、飲み物ではない

位置の棚に」という考え方もありますが、利用者の生活歴によっては「いすにのぼって高い位置のものを取っていた」というケースもあります。その際、足腰が衰えていればいすからの転落もあるわけで、二重に危険が高まります。

こうした環境アセスメントを行う際には、はじめに利用者の過去の生活習慣などをきちんと聞き取ることが必要です。その結果、①口に入れると危険なものは職員ステーションの棚に保管してカギを閉める、②いすを移動させて踏み台にしないよう、重量のあるものを備える、といった対応策が考えられます。

見守りやすい環境づくりも大切に

さらに、「利用者がいすを踏み台にして棚を開ける」という行動が予測されるのであれば、職員がどの場所にいても棚下あたりに目が届く環境をつくる必要があります。想定される危険をふまえたうえで、見守りの環境を整えていきましょう。

見当識のズレによる大事故を防ぐには、入念な環境アセスメントを

❶ 利用者の24時間の行動パターンを把握

（例：センター方式のサイクル・パターンシートなど活用）

↓

初期集中支援を行う中でアセスメント

↓

❷ ❶で行動する本人の視点に立って環境チェック

（例：居室以外で特に目が行き届かなくなる場所など）

↓

事業所・施設内(あるいはその周辺)の見取り図をもってふたり以上で目視確認

↓

❸ 危険物・危険箇所をリスト化する

（例：誤食・誤飲にいたるものが放置されているなど）

↓

委員会で早急に対応策を協議

利用者の生活習慣の掘り下げ情報なども収集

↓

危険が差し迫る場合は、暫定的な対応をはかる

危険物の倉庫への撤去など

POINT

- 見当識の衰えによる事故は重大化することがある！
- 本人の行動パターンに沿った環境アセスメントを

認知症

41

「外に出ていく」リスクにどう対処する？

徘徊による事故を防ぐための見守りや安全確保

認知症の人の場合、いわゆる「徘徊」による事故がつきまといます。ただし、「外に出ていかないように」と、施錠だけに頼るのは危険です。

徘徊というのはあくまで周囲の視点であり、認知症の本人にとっては「その人なりの理由があって外に出ていく」ケースが大半です。たとえば通所に来る→「なぜ、ここにいるのか。ここはどういう場所なのかわからない」→「とりあえず家に帰ろう」→外に出ていくという具合です。

特に、「長時間いすに座っている」などの状況があるとストレスが蓄積し、「この場にいたくない」という意識が高まりやすくなります。

ここで施錠がしてあると、本人にとっては「閉じ込められた」という心理が働き、そこで不穏さを増すことで別の事故に結びつくこともあるわけです。施錠をするのであれば、本人の「出ていこうとする理由」をきちんとくんだうえで、職員による心理的なフォローが必要です。

本人の「外出」に付き添う装備とケア

以上の点を考え、徘徊による事故を防ぐには、①利用者がどんなときに何を考えて出ていこうとするのかを把握する、②（施設では）エントランスから出入口までの間に死角がないようにする、③見守りの人手が足りない場合は出入口に感知器を設ける、といった対策が必要です。

外出時に付き添う際には、本人を安心させるケアを心がけ、トランシーバーアプリ装着のスマホなどを備えていきます。また、普段から地域の見守りSOSネットワークなどとも連携しましょう。

「徘徊」による事故を防ぐための流れ

Ⅰ 本人の「心理状況」をアセスメントする

どんな状況のとき(どんな時間帯)に落ち着かなくなるか
↓
見守り強化のタイミングをはかる

何を見ると、何を聴くと、何を触ることで落ち着きが戻るか
↓
外出付き添い時のルート選びの参考に

Ⅱ 本人の「外出」を感知するシステムを導入

出入口部分に赤外線センサー(※)

出入口周辺に死角をつくらない

↓

(本人の人権に十分配慮する(監視カメラなどは最小限に))

← **夜間施錠などの場合はフォローの対応**

例「お迎えが来ますからそれまでお茶でも……」
「朝一番でお出かけしましょう、今晩は泊まっていってください」

Ⅲ 地域の「見守りSOSネットワーク」などと連携(ネットワークがない場合は地元商工会・自治会、行政などに協力をあおぐ)

Ⅳ 付き添い時にもっていきたいもの

※下記を1セットで常備しておく

- トランシーバーアプリ装着のスマホ(連絡用)
- Iの右図を示したルート地図
- 水分補給用ペットボトル
- 帽子やマスク

POINT

- **徘徊防止を施錠だけに頼ることは危険を増すことも**
- **本人の「目的」に寄り添いつつ見守りや付き添いを**

※センサーの音で不穏になるケースもあるので注意。

認知症 42

「利用者同士のトラブル」にも注意しよう

最悪の場合、傷害事件に発展するケースも

認知症の利用者の中には、心理状況が極めて不安定になる人もいます。特に他の利用者との関係が十分に築かれていない状態、あるいは妄想が強く出る認知症の場合、利用者同士でさまざまなトラブルが生じることがあります。ときには、感情が強く刺激されることで他者へ暴力（とっさに突き飛ばして相手を転倒させるなど）をふるい、傷害事件に発展してしまうケースもあります。

こうした激しい精神症状に対しては家族の了解を得て精神薬の投与が行われることもありますが、服薬管理がしっかりなされていないと副作用によって転倒や誤嚥などのリスクが高まります。

ここでも、集中的な初期対応によって医療とケアの両面から本人の不穏状態を取り除いていくことが必要です。また、その人の心理状態をきちんと把握したうえで、「どんな状況で不穏さが増すのか」を掘り下げていくことも求められます。

その人の強い疎外感をやわらげるケア

代表的なケースとして、「もの盗られ妄想」から他者に当たるというものがあります。こうした行動が出てくる背景はいろいろありますが、「周囲に味方がいない」という強い疎外感にもとづいた心理状態の現れである可能性もあります。

そうしたケースには、先の初期対応での診断を頭に入れつつ、「自分は味方である」ことを強く印象づける寄り添いのケアが必要です。「もの盗られ」の訴えに際しては、特定の職員が根気よく一緒に探していくといった行動をとり、人間関係の構築をはかっていくやり方もあります。

「もの盗られ」妄想への対応をどうするか？

本人の心理

・あの人がもっている（使っている）ものは私のものである
・ここにしまったはずのものがない（誰かに盗られた）

→

周辺にいる人から取り戻そうとしたり（そこでつきとばしなどが生じる）、相手を非難する

対応

・初期対応でかかわった担当がつく
・「一緒に探しましょう」
・「私があの人に尋ねてみましょう」
・本人の持ち物を実際に見せる（本人が親しんでいるアクセサリーなどをつけて、「自分のもの」と認識してもらう）

POINT

- 「もの盗られ」妄想などから周囲とのトラブルも発生
- 初期対応を行った職員との信頼関係を活かして

送迎中の交通事故・火災など さまざまな場面にリスクがある

まだある！ 介護現場を襲う幅広い「人災」

介護現場には、一度に多くの利用者の命を奪う「大惨事」が起こるリスクも潜んでいて、ときには職員側もそれに巻き込まれてしまう場合があります。通所などへの送迎中の交通事故、ＧＨでのスプリンクラー設置義務化のきっかけとなった火災がその例としてあげられます。

こうした大惨事を防ぐためには、以下の３つの流れで手立てを考えることが必要です。１番めはそもそもの事故発生を防ぐ手立て。２番めは事故が発生した場合、被害の拡大を最小限に食い止める手立て。３番めは被害が拡大した際にひとりでも多くの人命を救うための手立てです。

１番めについては、全国各地の事故事例を集めて分析し、自分の施設・事業所の環境アセスメントを整えることがカギとなります。火災防止であれば「過去の事例で火元になりやすい部分（あるいは時間帯や状況など）はどこか」をチェックし、交通事故であれば「地域で事故が起きやすいポイントはどこか」を把握しておきます。

職員側の知識・技能、地域の協力も

２番めについては、「被害を拡大しやすい環境」のチェックとあわせて「職員側に被害を拡大しないための知識や技能が備わっているか」をチェックして啓発をはかっていきます。

３番めは、職員の救命処置の技術（第４章および巻末資料を参照）に加え、「地域住民や関係機関の協力」がポイントになります。夜間の火災などの場合、現場の職員だけで避難誘導を行うのは困難であり、やはり地域の協力が欠かせません。

さまざまな大惨事を防ぐ3つの基本

STEP1

多くの事例を集めて分析
まずは「発生」を防ぐ

ネットなどで過去の新聞記事を調べる。厚労省や自治体が情報を提供している場合も

↓

STEP2

仮に「発生」しても
被害を最小限に防ぐ方策を

↓

STEP3

それでも被害が拡大した場合
ひとりでも多くの人命を救う

各STEPにおいて「**環境をどう改善するか**」
「**対応する人をどう育てるか**」が重要に!

POINT

- 交通事故、火災などの惨事を防ぐ3つの流れに着目
- 避難・救助は職員だけでなく、地域の協力も必要に

激しい延焼や煙から利用者を守るためには？

多くの人命を奪う可能性のある火災の恐怖

火災の場合、火元となるのはコンロがある場所などだけではありません。たとえば、電気ストーブの上で洗濯物を乾かしたり、利用者が居室で隠れてタバコを吸っていたことなどが、大きな火災の原因になっているケースが見られます。あるいは居室にもち込んだ仏壇でろうそくを使い、それが火元になった例もあります。

洗濯物の場合では、利用者の自立をうながすための「屋内で洗濯物を干してもらう」という支援があだになったケースも見られます。

つまり、ひとつの支援を計画する場合、そこで隣合わせに発生するリスクについても同時に検証しなければなりません。消防署の検査などがあれば、行っているケアの状況を担当者に説明し、リスクを予測してもらうことも必要です。

日常の清掃、整理整頓も事故防止の基本

次に延焼を防ぐポイントですが、スプリンクラーや火災報知機の設置もさることながら、まずは「火元になりやすい部分に延焼してしまうものはないか」をチェックします。たとえば、調理場の油汚れが取り切れていなかったり、居室のコンセントの周辺に燃えやすいものを置いてしまうと、火花が燃え移るなどのリスクが生じます。

これらを防ぐには、普段から火元となりやすい部分の周辺をきちんと清掃し、整理整頓に気を配っていくことや、施設内の空気の流れに敏感になり、煙がどう流れるかなどを頭に入れることが必要です。つまり、日常の環境を地道に整えていくことが基本になるわけです。

火災による惨事を防ぐために必要なこと

STEP1
出火しやすいもの・場所をチェック

- ✓ ストーブやヒーターで洗濯物を乾かす
- ✓ 「見えないところ」で行われている喫煙
- ✓ コンセントの近くに燃えやすいもの
- ✓ 調理油が熱せられやすい位置にある

……など

STEP2
延焼しやすい環境をチェック

- ✓ 火元になりやすい場所の近くに燃えやすいものが置かれている
- ✓ 調理場周辺の油汚れがひどい
- ✓ 燃えやすい衣類が出しっぱなし
- ✓ ストーブの近くに古紙類

……など

STEP3
防災の体制をチェック

- ✓ 消火器が古くなっていないか
- ✓ 避難誘導マニュアルが整っているか
- ✓ 地域の人との間で災害時対応の打ち合わせをしているか
- ✓ 通報装置・スプリンクラーの設置状況はどうなっているか
- ✓ 避難路に障害物はないか

……など

POINT

- 火災の惨事を防ぐには火元だけでなく延焼の確認も
- 消火器や報知機の動作状況や煙の流れのチェックを

送迎中などの交通事故を防ぐ基本とは？

運転者の体調や注意力が衰える瞬間に注意

昨今増えているのが、送迎中の交通事故です。基本的な原因としては、「運転者側の技術や注意力」と「車両の状態」、そして「走行中に生じている環境」との間でズレが生じることです。

利用者の状態把握、車両点検も基本に

たとえば、どんなに運転に慣れた人でも、車両の整備が不十分で「踏切でエンストしてしまう」といった状況があれば、列車との衝突事故につながりかねません。また、「認知症の人が車内で不穏になる」というケースなら、運転者がその人の状況に慣れていなかった場合、注意力が散漫になることもあります。こうしたバランスの崩れが起きると、たとえ運転歴の長いスタッフを採用していたとしても、事故につながってしまいます。

考えたいことは、以下の4点です。①運転者の体調だけでなく、「利用者の状況」「送迎中の道路状況」について、その人がどれだけ把握できているかをチェックする。②送迎前にはマニュアルをもって車両点検を確実に行い、また、昇降リフトなどが正常に作動するかもチェックする。

そして、③大雪・大雨がふるなど、道路交通上の危険がある場合は、「送迎を中止する」といった決定を誰がどのように行うかをあらかじめ決めておきます。また、送迎中の利用者の体調急変時などの対処も、送迎マニュアルにふくめます。

なお、送迎用車両を5台以上備えている事業所は、安全運転管理者の選任と公安委員会への届出が義務づけられています。同管理者は、アルコール検知器を用いた確認も行うことが必要です。

送迎中などに交通事故が起こる背景

運転者の技能や
体調に問題あり
車両の不具合など
(滑りやすいタイヤ、
踏切でエンスト)
運転技術は十分だが、
乗車する利用者の
ケア技能が不十分
(この場合、他の職員の
同乗も必要)
狭い道、見通しの悪い
急カーブなど道路状況の
把握が不十分
気象条件の悪化などへの
対処が明確でない

POINT

- 運転前に運転者の体調や車両の状態などを点検する
- 悪天候に際しての中止等の指示系統もしっかりと

利用者の体調にもっとも注意すべき場面

緊張が高まる「入浴時」で事故を防ぐには?

命にかかわるケースも多い事故のひとつとして、「入浴時の事故」を忘れてはなりません。

入浴は、利用者の清潔保持だけでなく、リラックスすることによって生活意欲が向上したり、入浴中の手足マッサージで拘縮などを予防できるといったさまざまなメリットがあります。

その一方で、湯温などが心臓や血管に負担を与えたり、浴槽内での沈み込みで溺れたり、浴室で足を滑らせて転倒するなど、危険が多いケアの場面でもあります。機械浴における機器の安全性は高まっているものの、依然としてストレッチャーからの転落事故なども発生しています。

ここでも、事故防止の基本となるのは、他の場合と同じ地道なチェック体制です。つまり、①複数回（入浴直前も）のバイタルチェックで利用者の体調をリアルタイムで把握する、②浴室全体の環境（滑りやすくないか、室温はどうか、自助具に不具合はないかなど）をチェックする、③職員による介助技術や人員配置が適切かどうかをチェックする、などが必要になってきます。

バイタルも環境も二重三重のチェックを

バイタルチェックについては、「利用者の既往歴」や「前夜の様子の申し送り」などを必ず共有したうえで、体温や血圧などを測定し、看護師らの意見をあおぐという体制が望まれます。

環境については、あらかじめチェックリストを作成し、それをもとに日常的なチェックをする（職員が実際に入浴してリスクをはかるなど）ほか、入浴直前にももう一度点検します。

安全な入浴介助を行うために必要なこと

1 利用者の状態を厳格に把握・共有

- 前夜の様子（寝不足など）についての情報共有
- 朝と入浴前のバイタルチェック
- 食後の状態の把握

2 入浴環境のチェック

- 脱衣所の温度（必ず温度計で）
- 浴室内の環境(滑りやすくなっていないか)
- 手すり、自助具などのチェック(破損はないかなど)

3 入浴直前の各種チェック

- 湯温は適切か（ここでも温度計を）
- シャワーから冷水・熱湯が急に出たりしないか（必ずかける前に調整）
- 利用者の着換えの準備はできているか

4 入浴中の状態観察

- 利用者の顔色・息づかい・訴え
- 浴槽内での姿勢など

異変があった場合の連絡体制を決めておく

入浴後にも状態観察を行う

POINT

- 入浴介助の際は利用者の体調などの共有を万全に
- 浴室環境や入浴中の状態観察などもマニュアル化を

訪問の現場で特に起こりやすい事故事例

多額の賠償発生も!? 物損事故にも注意を!

介護現場では利用者の持ち物を紛失・破損するという事故も起こります。いわゆる物損事故です。保険などで賠償はできますが、中には上限を超える高価な物（あるいは保険の対象外）や、利用者にとって思い出のある品などもあるため、心理的なダメージにもつながりかねません。

特に、訪問の現場では利用者宅の整理整頓が十分でないと、ちょっと棚にぶつかっただけで落として割ってしまうといった事故が起こり得ます。

また、多くの人がいる施設で、利用者が居室に私物をもち込んでいる場合には、「紛失した＝盗まれた」という騒ぎが起こりやすいことも問題です。重要事項の説明で、「高額な貴重品は持ち込まないこと」をお願いするのが基本ですが、「思い出の品なのでどうしても」という場合は本人・家族と一緒にリストを作ったうえで預かり証を発行して施設内で管理することも考えます。

事前訪問でリスクをチェックしよう

訪問の現場を例にとれば、まずはサービス提供前に事前訪問を行い、高価なものなどが置いていないかをチェックします。もし「棚の上に置かれ、ちょっとぶつかっただけで落ちそう」というようなものがあれば、利用者本人や家族に安全な場所への移動などをお願いします。

また、「介護保険ではできないが、ちょっとしたことだから」と、利用者に頼まれて金魚にエサをやるなどの光景がよく見られます。しかし、仮に金魚が死んだりすれば制度違反も含め二重の問題になるので注意をしてください。

物損事故を防ぐためのアセスメント

サービス提供前に利用者や家族と一緒にチェック

在宅

1. 高価なものが不安定な場所などに置かれていないか
2. お金などが出しっ放しになっていないか
(紛失したときにサービス側が疑われる要因にも)
3. 食器などをおさめる場所がしまいにくい位置にないか

……など

施設

1. 利用者の私物には何があるか?
(認知症の人などはもともともっていない物の紛失を訴えることも)
2. 貴重品を居室内に放置していないか?
(貴重品を預かるシステムも考える)
3. 洗濯した際に破損しやすい衣類はないか
(衣類に表示された注意事項などもチェック)

……など

POINT

- 訪問系では利用者宅の「破損リスク」をリスト化
- 施設では利用者私物を事前チェックし管理を厳重に

違法行為
48

今、なぜ増えているか、その背景は？

介護職員による虐待など「違法行為」を防ぐ

厚労省の調査によれば、２０２２年度に介護施設職員などによる利用者への虐待が確認されたケースは８５６件にのぼります。これは２００６年度の約16倍の数字で、告発や相談の体制が整ったことを考慮しても伸びが際立っています。

問題なのは、すでに虐待事例で行政当局などから指導・対応を受けた施設が再び事件を起こしているケースも約５割見られることです。「虐待はそれを行った特定の職員の資質によるもの」というだけでなく、施設そのものの体質に問題もあるのではという仮説がここから浮かんできます。

さらに、利用者の財産を計画的に詐取したり、過去には元・訪問サービスの職員がかつての利用者宅で強盗を行うなどのケースも見られます。極めてまれではありますが、ひとたびこうしたケースが発生すれば、地域における介護サービスへの信頼が大きく損なわれてしまいます。

単に倫理教育を進めればいいのか？

こうした事件が発生する背景には、何があるのか。仮に構造的な問題がそこにひそんでいるとすれば、それは介護事故・トラブル防止と同じく、組織のあり方そのものを見直す必要があります。

その背景を押さえたうえで、違法行為を防ぐためにどうすればいいかを考えなければなりません。「特定の職員が起こしたこと」と手をこまねいていれば、取り返しのつかないことになります。単に職員への倫理教育などを進めるだけでなく、就業環境の不備や職員のケアの技能不足もあるのではという視点が求められます。

介護現場で増える虐待とその原因

虐待があった施設・事業所のうち、過去に指導等があったケースは全体の約5割

過去の指導等

	件数	割合（%）
虐待あり	182	21.3
指導等あり	232	27.1

施設・事業所内では、虐待の発生要因は「どこにある」と考えているか

虐待の発生要因

内容	件数	割合（%）
教育・知識・介護技術等に関する問題	480	56.1
職員のストレスや感情コントロールの問題	197	23.0
虐待を助長する組織風土や職員間の関係性の悪さ　等	193	22.5
倫理観や理念の欠如	153	17.9
人員不足や人員配置の問題および関連する多忙さ	99	11.6
虐待を行った職員の性格や資質の問題	85	9.9
その他	30	3.5

※都道府県が直接把握した事例を含む856件に対するもの
(出典:厚生労働省「2022年度　高齢者虐待防止法にもとづく対応状況等に関する調査」)

POINT

- **職員による虐待は、組織の体質から生じるケースも**
- **職員への倫理教育を行うだけでは足りない点を考慮**

違法行為
49

組織の問題に目を向けた防止策が必要

なぜ「虐待」をしてしまう？防ぐにはどうする？

厚労省の高齢者虐待に関する調査によれば、施設職員などによる虐待の内容は、身体的虐待および心理的虐待が飛び抜けて多くなっています。

具体的には、身体的虐待であれば「暴力的行為」の他に「本人の利益にならない強制的な行為」や、「緊急やむを得ない場合以外の身体拘束（１７０ページ参照）」なども含まれます。また、心理的虐待の場合は、「威嚇的・侮辱的な発言、態度」や「高齢者や家族の存在、行為を否定・無視するような発言、態度」、あるいは「高齢者の意欲や自立心を低下させる行為」などもあげられます。

これを見ると、職員側には「虐待をしている」という認識はないが、利用者側にとっては「虐待」と感じるケースも多いことがわかります。つまり、職員側の「介護とは何か」「利用者の尊厳とは何か」という理解が不十分であるために、虐待につながってしまうパターンが考えられるわけです。

「仕方ない」という風土がエスカレート

一方、調査結果を見ると、法人側に「虐待の発生要因」を尋ねた項目では前ページの図のようになっています。もっとも多いのが、「教育・知識・介護技術等に関する問題」で全体の5割を超えています。次が「職員のストレスや感情コントロールの問題」であり、「虐待を行った職員の性格や資質の問題」は6番目にとどまっています。

このあたりの結果を見ても、そもそもの「介護」に対する知識などが不足している、また、それを改善する仕組みがないことが、虐待ケースの増加を生み出しているという見方ができるわけです。

職員による虐待にはどのようなものが多いのか？

虐待の種別(複数回答)

	身体的虐待	介護等放棄	心理的虐待	性的虐待	経済的虐待
人数	810	326	464	49	55
構成割合（%）	57.6	23.2	33.0	3.5	3.9

身体的虐待	
	暴力的行為
	本人の利益にならない強制による行為、代替方法を検討せずに高齢者を乱暴に扱う行為
	「緊急やむを得ない」場合以外の身体拘束

心理的虐待	
	威嚇的な発言、態度
	侮辱的な発言、態度
	高齢者や家族の存在、行為を否定・無視するような発言、態度
	高齢者の意欲や自立心を低下させる行為
	羞恥心の喚起

(出典:厚生労働省「2022年度　高齢者虐待防止法にもとづく対応状況等に関する調査」)

問題なのは、こうした知識や技能の不足をそのままにしておくと、慌ただしい現場の中では「忙しいから仕方ない」というあきらめが生まれやすいことです。人間の心理として、「仕方ない」というあきらめは、「もっと質を落としてもかまわない」という方向にエスカレートすることもあります。その結果、ストレスがたまっている職員の「心のタガ」がはずれやすくなり、もっとひどい虐待へとつながる可能性が出てきます。

虐待を生み出す風土にメスを入れる

介護事故の場合、実際にしているケアと利用者や環境の状況との間に「ズレ」が生じ、それが軽い事故やヒヤリハットに結びつきます。さらにそれらを放置し、危険なケースが一定以上積み重なったとき、（ハインリッヒの法則によって）大きな事故へとつながっていきます。

虐待についても、職員側が（知識不足などから）「虐待ではない」と受け取っている段階があり、その状態を放置しておくことで、いつしか「もっと激しい虐待」につながるわけです。

それを防ぐためには、利用者のケアに関して「この程度で仕方ない」となってしまいがちな風土を改めていくことが必要です。ここにまずメスを入れることが、虐待を生み出すすそ野を縮めていくことになり、虐待を根絶するカギとなります。

他者の気持ちになる機会を意識的に

具体的には、「こういう行為をされたとき、自分が利用者ならどう思うだろうか」という、相手の立場に立った想像力を養うことが必要です。たとえば、認知症高齢者のアセスメント手法のひとつである、センター方式の中の「私の気持ちシート」を現場に慣れていない新人職員に記入させることで、「他者の気持ちになる」という習慣を身につけさせるなど工夫してみましょう。

もちろん、職員の業務上のストレスにも気を配り、定期的な面談を行うことも必要です。本人が強いストレスを訴える場合には、相談の上で一時的に部署異動を図るなどの対処も考えます。

職員の業務上のストレス緩和をはかるには？

1 業務上の課題を話し合うという名目での個人相談

↓

面と向かって「あなたのための」とすると、萎縮してしまうこともあるので注意

2 強いストレスを訴えている職員は、成果が見えやすい現場へ

↓

自立意欲が高い利用者を担当させ、要介護度の改善などの成果を示す

3 現場でのヒーリング音楽やアロマテラピーなど「利用者と一緒」の中での環境整備を図る

↓

ちょっとした環境の工夫が、長い目で見てストレス緩和につながることも

4 朝の発声や深呼吸など、リフレッシュできる習慣を取り入れる

↓

酸素を体内へと意識的に取り入れることがストレス解消に効果

POINT

- **職員側に「虐待をしている」意識がないこともある**
- **現場職員のストレスチェックなども積極的に**

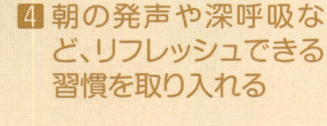

違法行為 50

違法行為にいたる組織のスキを埋めていく

より「悪意」のあるケースを防ぐには?

虐待をはじめとする違法行為の中には、最初から「はっきりとした悪意」があるというケースもあります。「これはさすがに職員個人の資質によるもの」と思われるかもしれませんが、実はここにも組織上の問題がひそんでいます。

たとえば、「最初から犯罪をおかすために入職した」というケースはほとんどありません。むしろ、最初は小さかった「悪意の芽」が、組織にスキがあるゆえに「バレないだろう」という意識によってエスカレートする場合があります。

また、職員個人に対する組織のフォローが乏しいゆえに、「身近な(強い悪意のある)仲間」に引きずられてしまうケースもあります。身近なつながりを重視したいがゆえに、それがいいことか悪いことかを判断する理性が失われてしまうのです。このあたりは、一般の犯罪グループなどと同じ「集団心理」がもたらすものと言えるでしょう。

トップが現場に無関心という風潮が危険

組織のスキをなくし、マイナスの集団心理を生み出さないようなフォローをどうやってしていけばいいのでしょうか。まず大切なことは、組織のトップが現場に無関心にならないことです。

たとえば、トップが事業拡大に熱心なのはいいのですが、「それが現場にどのような影響を及ぼすか」をきちんとリサーチしないケースがあります。すると、現場に「上は上、現場は現場」という感覚が生まれ、「自分たちの考えで何をやってもいい」という風潮が生まれます。ここに暴走しがちな集団心理を生み出す種があるわけです。

身近な集団心理が「悪意」を拡大する

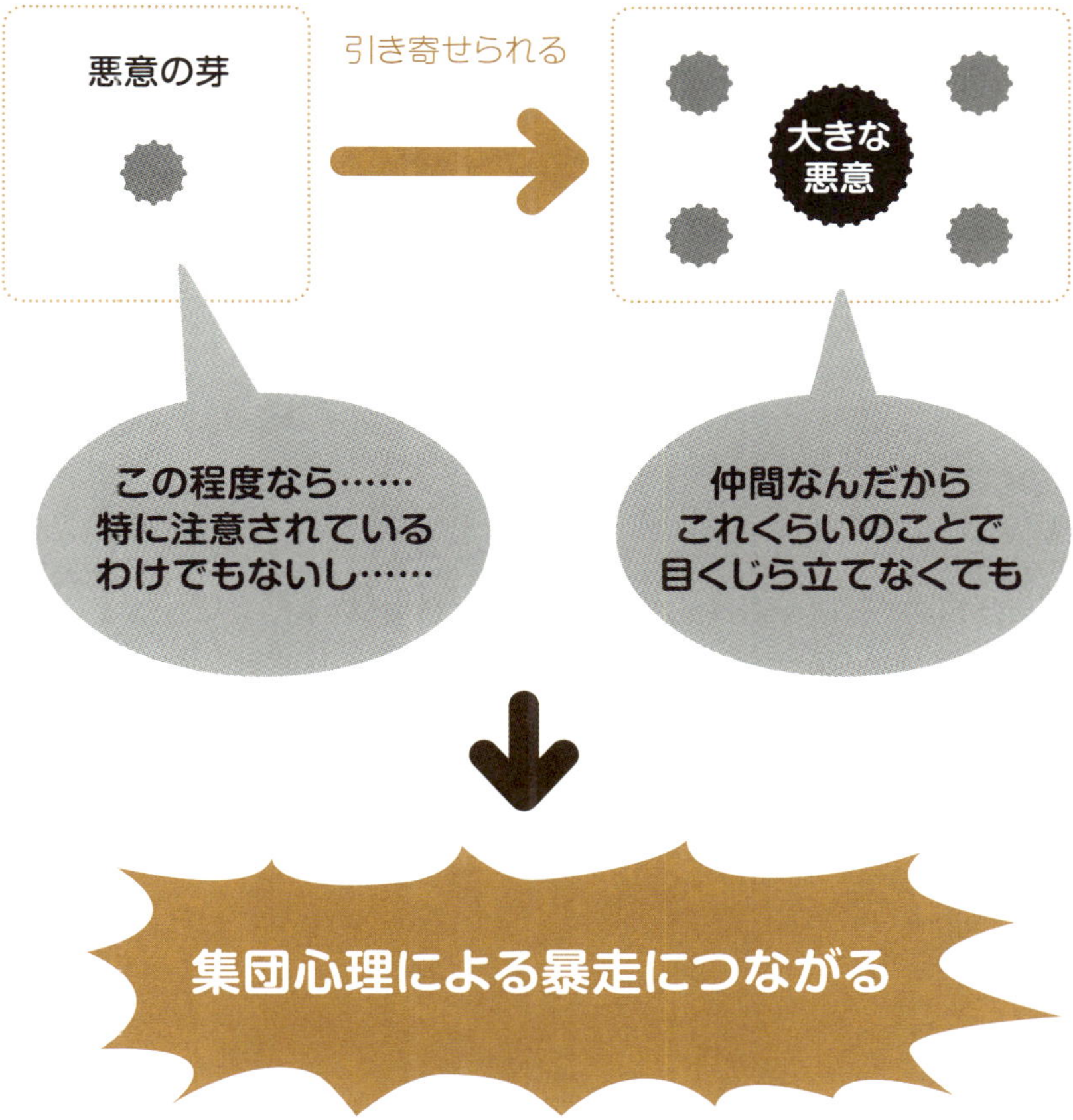
悪意の芽
引き寄せられる
大きな
悪意
この程度なら……
特に注意されている
わけでもないし……
仲間なんだから
これくらいのことで
目くじら立てなくても
集団心理による暴走につながる

POINT

- 小さな悪意の芽がエスカレートしていく環境に注意
- 組織の現場へのフォローが乏しいと集団心理が暴走

違法行為

51

現場での同僚の気づき・指摘が大事態を防ぐ

内部告発という大げさなものでなくても

厚労省によれば、虐待事例の相談・通報は、本人や家族からのものよりも、その施設で働く職員からのものが上回っています。いわゆる内部告発によって発覚するパターンが多いわけです。

内部告発というと「密告」などというマイナスイメージもつきまといますが、事態が深刻化する前に「気づき、告発する」面もあることを考えれば、防止策の延長とも言えます。先に述べたように、虐待をはじめとする違法行為は放っておくとエスカレートする傾向があるため、内部告発によってそれを押しとどめることができます。

もちろん、告発という大げさなものでなくても、日々の業務の中で、「これは何か変だ（違法行為につながるのではないか）」と思う場面にぶつかったとき、指摘をしたり表に出していくことが重要です。そして、それがしやすい職場風土をつくることが組織の役割と言えるでしょう。

フォーマルな情報共有の機会がカギに

問題なのは、すでに仲間内での集団心理が働いている場合、告発自体が「裏切り」という意識につながりやすいことです。それを防ぐには、安易な集団心理が生じないように職場内のコミュニケーションの方向性を整えることが重要です。

たとえば、組織における上下のコミュニケーション、あるいは（自然には生まれにくい）職種の枠を超えたコミュニケーションが薄い場合、正式な情報を共有するという緊張感が生まれにくくなります。その結果、ごく近い仲間内での「馴れ合い」が生じ、集団心理を生み出します。

違法行為をきちんと指摘できる風潮が悪化防止に

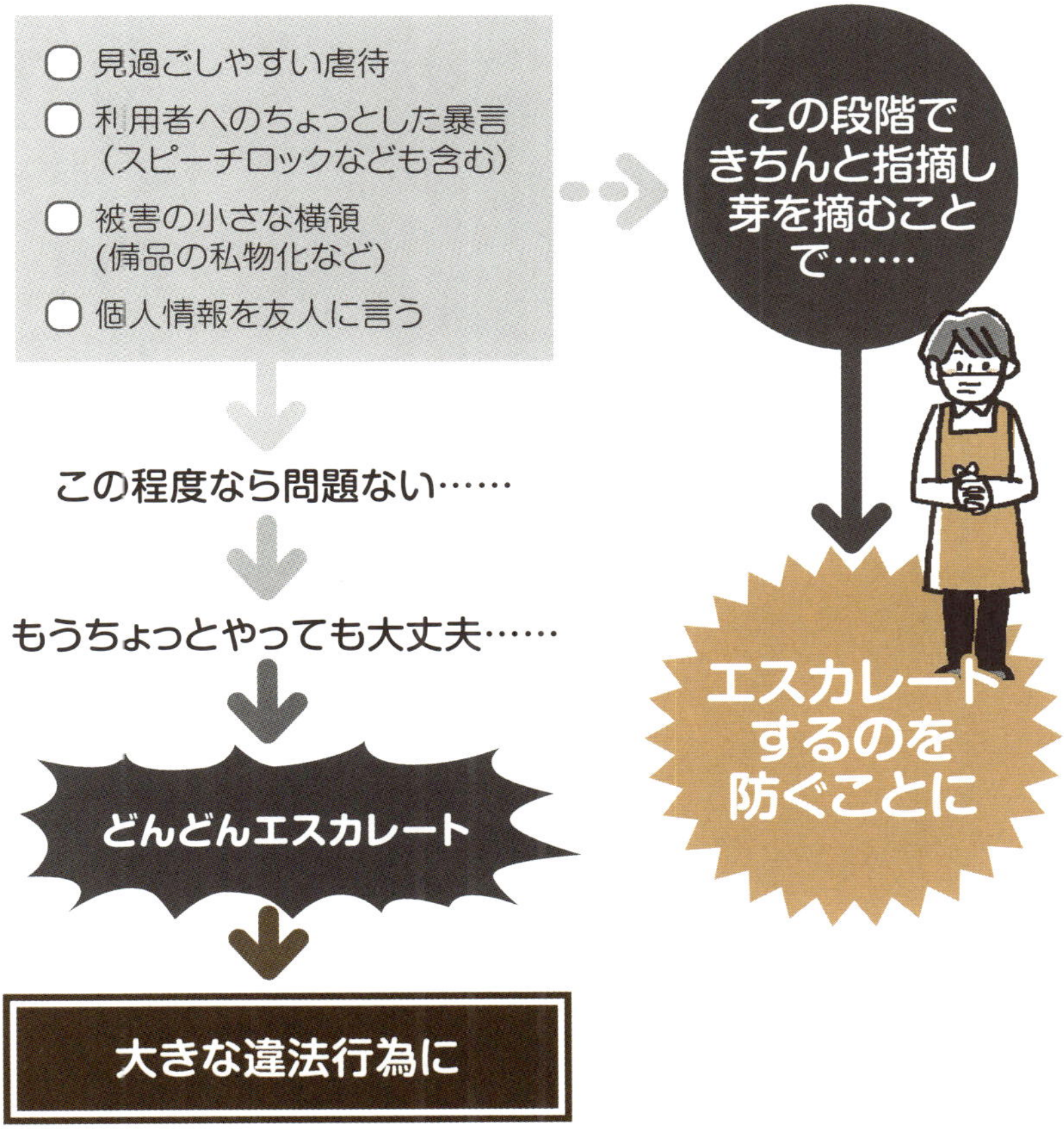

見過ごしやすい虐待
利用者へのちょっとした暴言（スピーチロックなども含む）
被害の小さな横領（備品の私物化など）
個人情報を友人に言う
この程度なら問題ない……
もうちょっとやっても大丈夫……
どんどんエスカレート
大きな違法行為に
この段階できちんと指摘し芽を摘むことで……
エスカレートするのを防ぐことに

POINT

- 告発以前に「違法を指摘」するだけでも予防になる
- 集団心理による馴れ合いがあると、違法指摘は困難

違法行為

52

現場レベルで「防ぎ合い」の意識を育てる

正しいコミュニケーション風土のつくり方

馴れ合いによる集団心理を生み出さないためには、「何が正しいことなのか」という理性をもったコミュニケーションをつくることが必要です。そこで築きたい仕組みは、以下の2点です。

ひとつは、現場と組織のトップが日常的にコミュニケーションをとれる機会およびツールを整えることです。たとえば、職場内ネットに「相談箱」を設け、日常業務についての相談を受け付けるといった具合です。その場合、相談者の匿名性を保証する旨を明示します。

面談による相談については、定期に「相談タイム」を設けたり、業務上の個人面談の機会を利用するなど、「かけこみで相談するのは後ろめたい」という心理的ハードルを低くするようにします。

ふたつめは、異なる職種間（あるいは部署間）で日常業務（カンファレンスなど）以外にもコミュニケーションがとれる機会を設けることです。事故防止委員会のように、組織を横断する形での仕組みなど「いつもの仲間内」から離れて話し合いをもてる場をつくっていくことも求められます。

「空気を読む」ことに流されない風土

私的なコミュニケーションであっても、上司や職種の枠を超えた相手には、「何かを伝えるための段取り」が必要になります。

親しい仲間内の場合、「あ・うん」の呼吸（空気を読む）がコミュニケーションに入り込むことが多く、ここに「馴れ合い」を生む要素が隠れています。これをできるだけ排除していくことで、集団心理に流されない風土を築くわけです。

違法行為のエスカレートを防ぐコミュニケーション風土のつくり方

Ⅰ 現場と組織のトップが日常的にコミュニケーションをとれるツール・機会を

職場内ネットでの相談ＢＯＸ

トップが現場のステーションに詰める時間を設ける

トップが参加するイベント企画、業務上の個人面談機会など

Ⅱ 異なる職種・部署との日常業務以外で話し合える場を

組織横断的に行う委員会

部署を超えて行う研修会

地域の多職種勉強会へ参加

仲間内以外のコミュニケーションの儀礼・常識を少しずつ身につける → 「馴れ合い」風土を解消

POINT

- 組織トップとのコミュニケーションがとれる環境を
- 異なる職種・部署間での日常業務以外での交流を

違法行為
53

お題目の理想論だけをふりかざしてもダメ

意外に難しい職員の倫理教育の進め方

職場内のコミュニケーション風土を整える一方で、虐待や違法行為を生まないための職員教育をどのように進めるかも大きな課題です。

ただし、職員を集めて、「これをやってはいけない」とか「利用者の人権を大切にしよう」などと講義しても、それだけで職員を正しい方向に導くのは難しいでしょう。職員は子供ではないので、すでに一定の価値観が完成しています。それを正そうとすれば無理も生じるわけです。

大切なのは、「それ（違法行為など）に手を染めることで何が起こるのか」という現実をきちんと伝えることです。たとえば、どんな刑事罰を受けるのか、民事的にはどういった賠償責任が生じるのかという点について、過去の判例などをもち出して紹介します。判例の前段だけを紹介し、「この人にはどのような責任が発生したか」ということを演習方式で考えさせる方法もあるでしょう。

虐待が利用者に与える影響を正しく伝える

虐待については、「何が虐待にあたるのか」自体がよく理解されていないケースもあります。そこで、ともすると自分では気づきにくいこともある虐待事例を取りあげ、「それが行われると、利用者にどのような影響が及ぶか」を示します。

たとえば、おむつ交換をする際に、忙しさから利用者への許しを得ないまま、いきなり「作業」に取りかかってしまうケース。この場合、利用者に与える心理的なトラウマはどうなるのか、その後、利用者の生活意欲はどうなっていくのか——そうした具体的な影響を教えることが必要です。

職員の倫理教育を行う際のポイント

1 過去の「介護」をめぐる事件の裁判判例などを集めて紹介する

例

・裁判の判例情報のサイトから検索
・裁判の判例の該当特集号を取り寄せる
・実際に職員に裁判を傍聴させる機会も

2 どんな行為に対して、どのような結果(判例など)がもたらされたのかを伝える

例

・そもそも違法行為の範囲とは何か?
・刑事罰と民事の賠償についても解説
・組織だけでなく個人にも責任が及ぶことを強調

3 虐待のケースで利用者に与える影響をさまざまな視点で伝えていく

例

・自立意欲の低下がもたらすリスク
・認知症のBPSD悪化につながるリスク
・結局は職員の負担にもはねかえることを伝える

POINT

- 「何が正しいのか」を教えるだけでは変えられない
- 「結果がどうなるのか」という道筋を示すことが大事

違法行為

54

身体的拘束の適正化に向け新たな義務規定や減算拡大

注意！ 2024年度改定でさらに規制強化へ

2024年度の介護報酬・基準改定で、強化・拡大されたのが、身体的拘束等の適正化にかかる内容です。改定のポイントは以下の通りです。

①運営基準での「緊急やむを得ない場合を除いた身体的拘束等の禁止」の規定を、訪問系・通所系・福祉用具系・居宅介護支援にも拡大したこと。

②短期入所系・多機能系サービスにおいて、施設系・居住系と同様に、身体的拘束等の適正化の措置（委員会の開催、指針の整備、研修の定期的な実施）を義務づけたこと。

③②において、実施していない場合の減算規定（身体拘束廃止未実施減算）を設けたこと。減算は1％で2025年3月末までの経過措置あり。

特に、これまで身体的拘束等にかかる規定のなかった訪問・通所系については、利用者の人権保護という観点を強調しつつ、「緊急やむを得ない場合」とは何かといった考え方について、現場に周知徹底することが必要になります。

「緊急やむを得ない場合」とは何か？

「緊急やむを得ない場合」とは、利用者（他の利用者等含む）の生命・身体を保護するうえで、以下の3つをすべて満たしていることを指します。①切迫性（保護する必要性が差し迫っていること）、②非代替性（他の手段がないこと）、③一時性（拘束等が一時的であること）です。

なお、これらの条件を満たして身体的拘束等を行う場合であっても、その態様、時間、その際の利用者の心身の状況、「緊急やむを得ない理由」を記録に残さなければなりません。

2024年度改定で強化された身体的拘束等の適正化

【訪問系・通所系・福祉用具系・居宅介護支援】

運営基準で以下を規定

- 「緊急やむを得ない場合を除き」身体的拘束を禁止
- 「緊急やむを得ない理由」で身体的拘束を行う場合の記録を義務づけ

【短期入所系・多機能系（小規模多機能型居宅介護等）】

運営基準で、身体的拘束の適正に向けた以下の取組みを義務づけ

- 対策を検討する委員会を3か月に1回以上開催
- 前項の委員会の結果について全従事者に周知徹底を図る
- 指針を整備する
- 全従事者に定期的な研修を実施
- 緊急やむを得ない場合の身体的拘束の実施時に記録を整備する

上記が未実施の場合

施設・居住系はすでに施行済（こちらの減算は10%）

身体拘束廃止未実施減算（2025年3月末まで経過措置あり）
未実施の事実が生じた翌月から改善が認められた月まで
所定単位数から1%の減算

POINT

- **身体的拘束等の原則廃止が訪問・通所系でも**
- **「緊急やむを得ない場合」の定義を周知する**

違法行為

55

介護現場のパワハラ・セクハラに防止措置を求める規定が誕生

2021年度改定で、介護事業者も対応を義務化

職場におけるハラスメント対策については、男女雇用機会均等法においてセクシュアルハラスメント（以下、セクハラ）、労働施策総合推進法においてパワーハラスメント（以下、パワハラ）、それぞれに関して事業者側が雇用管理上の措置を講ずることが義務づけられています。

こうした近年の法整備を受け、介護保険にかかる省令でも、2021年度の改定でセクハラ、パワハラを防止するための措置を事業者に義務づける規定が誕生しました。具体的には、以下のとおりです。①職場においてハラスメントを行ってはならない旨の方針を明確にすること。②①を従業者に周知・徹底すること。③ハラスメントに関する相談対応のための体制（担当者の配置や窓口の設置）を整備することという具合です。

カスハラ対策はどうなっている？

現場にとって気になるのは、昨今問題となっているカスタマーハラスメント（以下、カスハラ）、いわゆる「利用者や家族からのハラスメント」への対応はどうなっているかという点でしょう。

これについては、利用者や家族からのセクハラが、先のセクハラ対策に含まれます。ただし、それ以外のカスハラについては「防止のための方針の明確化」などは推奨にとどまっています。

ただし、介護現場において、利用者や家族からの威圧的な言動が職員に向けられるケースは近年目立つ傾向にあります。認知症のＢＰＳＤによるケースなどとの整理が難しい問題ですが、少なくとも相談対応の体制は整えるべきでしょう。

ハラスメント対策にかかる対応策

❶ 事業者として指針を策定し、ハラスメントを行ってはならない旨を現場に周知

事故防止委員会等の分科会等においてセクハラ・パワハラの定義を定め想定される事例をもとに指針と周知資料を作成

↑

厚生労働省の「職場におけるハラスメント対策マニュアル」を参照

❷ ハラスメントに対する相談対応のための体制を整備すること

専門の担当者を配置したり、事業所内に相談窓口を設置すること。(臨床心理士の資格保持者などの配置も)

↑

カスハラ対策については、専門の対策委員会を設けたい
(利用者の複合的な課題分析にもつながるため)

なお、利用者・家族等からのハラスメント(カスハラ)への対策について、厚労省は2022年にマニュアルを示している

POINT

- セクハラ・パワハラ対策は相談支援体制の確立を
- カスハラ対策も今後は重視、専門の対策委員会も

Column

職員のストレスチェック義務化。生産性向上でも

平成27年12月に改正労働安全衛生法が改正され、常時50人以上の労働者が働く事業所では、「ストレスチェック制度」の実施が義務化されました。また、50人未満の事業所でも、ストレスチェックの実施は努力義務となっています。「義務化」対象の事業所では、すでに実施済みでしょうが、改めてこの仕組みを振り返ります。

現場で働く従事者に対するメンタルヘルスには、不調の予防から不調者の早期発見、対応などさまざまな段階があります。このうち、「予防」のための具体的な取り組みとして制度化されたのが、ストレスチェック制度です。従事者のストレス状況について定期的に検査を行い、①本人に対して「自らにかかっているストレス状況」に気づいてもらうとともに、②検査結果を分析する中で職場のストレス要因の軽減を図っていくことが目的です。

医師や保健師、看護師の協力を得て実施する

実際にストレスチェックを実施する際には、厚労省が推奨している簡易調査票（57項目）などを活用します。こうした調査票などを活用し、具体的にどうやってストレスチェックを進めていくかについては、事業所が基本方針を立てます。その方針を介護事故・トラブル防止委員会などに図って、了承を得るようにします。

ただし、実際のチェックに際しては、医師や保健師、一定の研修を受けた看護師など（以下、実施者）が手がけます。チェックの結果についても、実施者から本人へ直接通知することになっています。

これは、本人のチェック結果がプライバシー情報にあたるためです。本人の同意なく事業者にわたってしまうと、業務評価などに影響を与える恐れが生じ、従事者が安心してストレスチェックを行ううえで支障が生じてしまいます。制度実施の詳しいマニュアルなどについては、厚労省HPの以下のページを参照してください。

http://www.mhlw.go.jp/bunya/roudoukijun/anzeneisei12/

ストレスチェックと面接指導の実施にかかる流れ

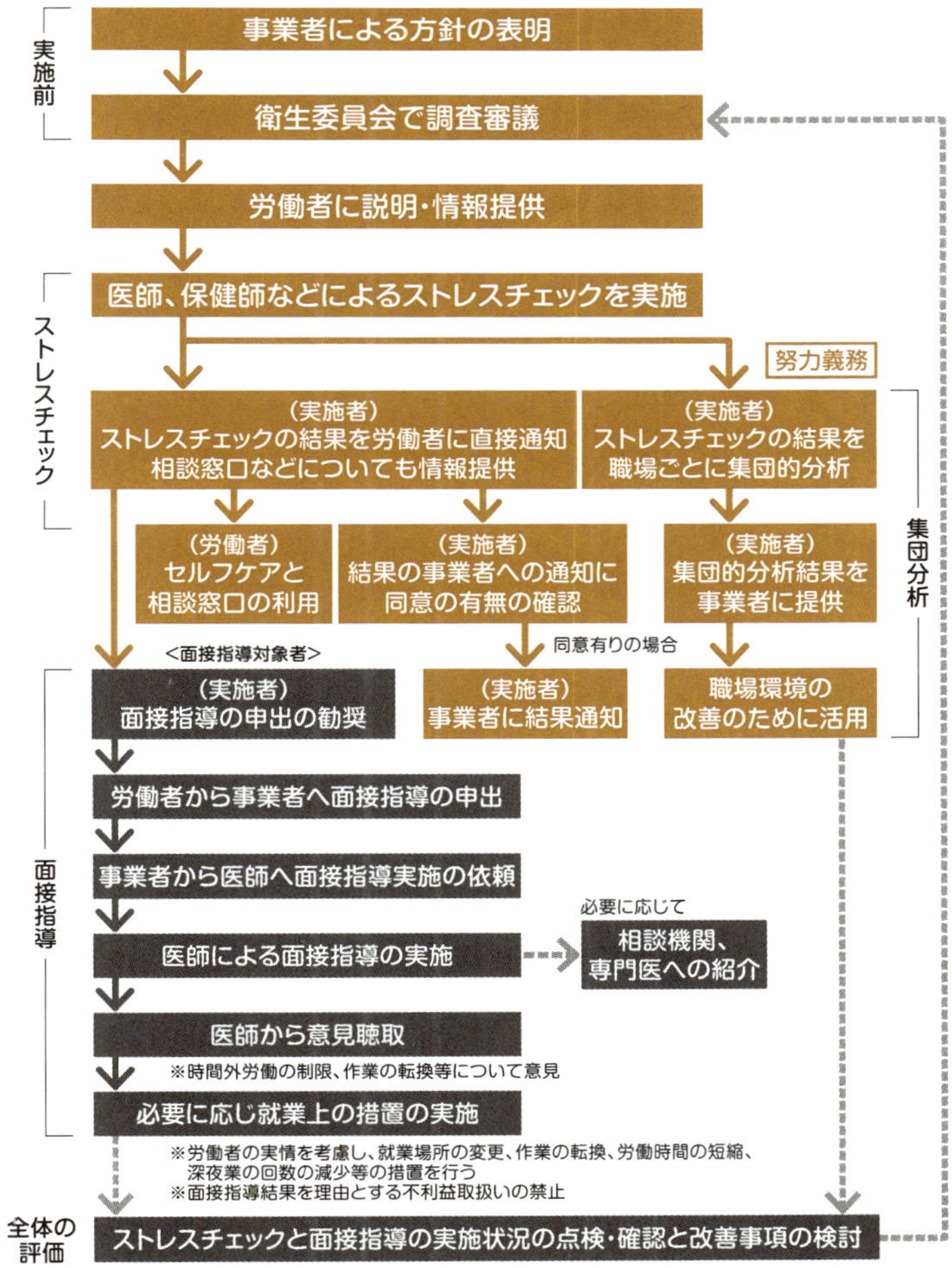
実施前
事業者による方針の表明
衛生委員会で調査審議
労働者に説明・情報提供
ストレスチェック
医師、保健師などによるストレスチェックを実施
努力義務
（実施者）
ストレスチェックの結果を労働者に直接通知
相談窓口などについても情報提供
（実施者）
ストレスチェックの結果を
職場ごとに集団的分析
集団分析
（労働者）
セルフケアと
相談窓口の利用
（実施者）
結果の事業者への通知に
同意の有無の確認
（実施者）
集団的分析結果を
事業者に提供
<面接指導対象者>
同意有りの場合
面接指導
（実施者）
面接指導の申出の勧奨
（実施者）
事業者に結果通知
職場環境の
改善のために活用
労働者から事業者へ面接指導の申出
事業者から医師へ面接指導実施の依頼
必要に応じて
医師による面接指導の実施
相談機関、
専門医への紹介
医師から意見聴取
※時間外労働の制限、作業の転換等について意見
必要に応じ就業上の措置の実施
※労働者の実情を考慮し、就業場所の変更、作業の転換、労働時間の短縮、
深夜業の回数の減少等の措置を行う
※面接指導結果を理由とする不利益取扱いの禁止
全体の
評価
ストレスチェックと面接指導の実施状況の点検・確認と改善事項の検討

（出典：厚生労働省「労働安全衛生法に基づくストレスチェック制度実施マニュアル（平成28年4月改訂）」）

Column

職員の健康を維持することも重要なリスク管理

基本編・応用編を通じ、介護現場の事故・トラブルを生み出すリスクのひとつに「職員側のリスク」があると述べてきましたが、そのリスクの中には、「施設・事業所として職員の健康状態をきちんと維持する」ことも含まれます。法定の健康診断などを確実に行うことは言うまでもありませんが、より日常的な健康管理やストレスチェックなども課題となっています。

わかりやすい例で言えば、職員が腰痛を発症したために、利用者の移乗介助などをした際体勢が崩れやすくなってしまうというリスクがあります。腰痛は寝不足や疲労の蓄積などでも発症しやすくなり、その点では、日頃の体調維持も大きな課題となります。

また、夜勤が多く、睡眠サイクルが崩れやすくなれば、日中の集中力の低下にも結びつきます。ひとりで夜勤をしていたとき、寝不足からついウトウトしてしまい、その間に利用者が事故を起こしたというケースも見られます。この場合、施設・事業所として、「職員一人ひとりの自己管理の問題」としてしまうのは危険です。

プライベートで質のよい睡眠をとらせるために

たとえば、どうしてもひとりあたりの夜勤回数が増えてしまった場合、施設・事業所として「プライベートでの質のよい睡眠をとる」ための啓発などを行うことも求められます。

具体的には、①日中安眠用のマスクの配布や、②交感神経をやわらげるための方法（例:睡眠前の半身浴、アロマテラピーなど）、③睡眠が浅くならないようにするための方法（例:睡眠前に過剰のアルコールを摂取しないなど）をミーティングなどの場で伝授していくといったことが考えられます。

なお、2024年度改定で誕生した生産性向上推進体制加算では、職員の「心理的負担評価」の指標の活用が求められます。こうした指標も積極的に活用したいものです。

Chapter 4

【事後対処編①】

それでも事故が起こった場合の対処法

Chapter4

56

「被害をどれだけ抑えられるか」という考え方

事故を防ぐだけでなく起こった後のことも

介護事故・トラブルをめぐる対応は「いかに発生を防ぐか」に力が注がれがちですが、もうひとつ重要なのが「仮に発生した場合、被害を最小限に抑える」という点です。これができるかどうかで、その後のサービス提供が大きく左右されます。

大きな被害を防ぐためには、「事故（感染症の発症含む）に直面した場合の冷静な対応」が必要です。具体的には、「何が原因でどんなことが起こっているのか」に思いをめぐらし、あらゆる可能性にもとづいた適切な対応ができることです。

たとえば、「いつもに比べて食が進んでいない」という状況があったとして、「寝不足で食欲がないんだな」と決めつけてしまうのは危険です。もしかしたら、脳梗塞の発症によって嚥下がうまくできなくなり、それが「食が進まない」という現象につながっている可能性も考えられます。

ここで「脳梗塞」の可能性まで想定して早期の対応ができれば、その後の悪化を防ぐことができるかもしれません。逆に、放置すれば状態が悪化し、取り返しがつかなくなることもあります。

事故防止と被害抑止は車の両輪

もちろん、事故に直面した際、普通の人であれば気が動転して冷静になることはなかなか難しいでしょう。それでも「冷静な対応」を進めるためには、あらかじめきちんとしたマニュアルを設定し、それに沿った行動がとれるよう日頃から訓練を積んでおくことが必要です。このしくみは事故防止と同じであり、その意味で、事故防止と被害の抑止は車の両輪のようなものと言えます。

事故の被害を最小限に抑えるために必要なこと

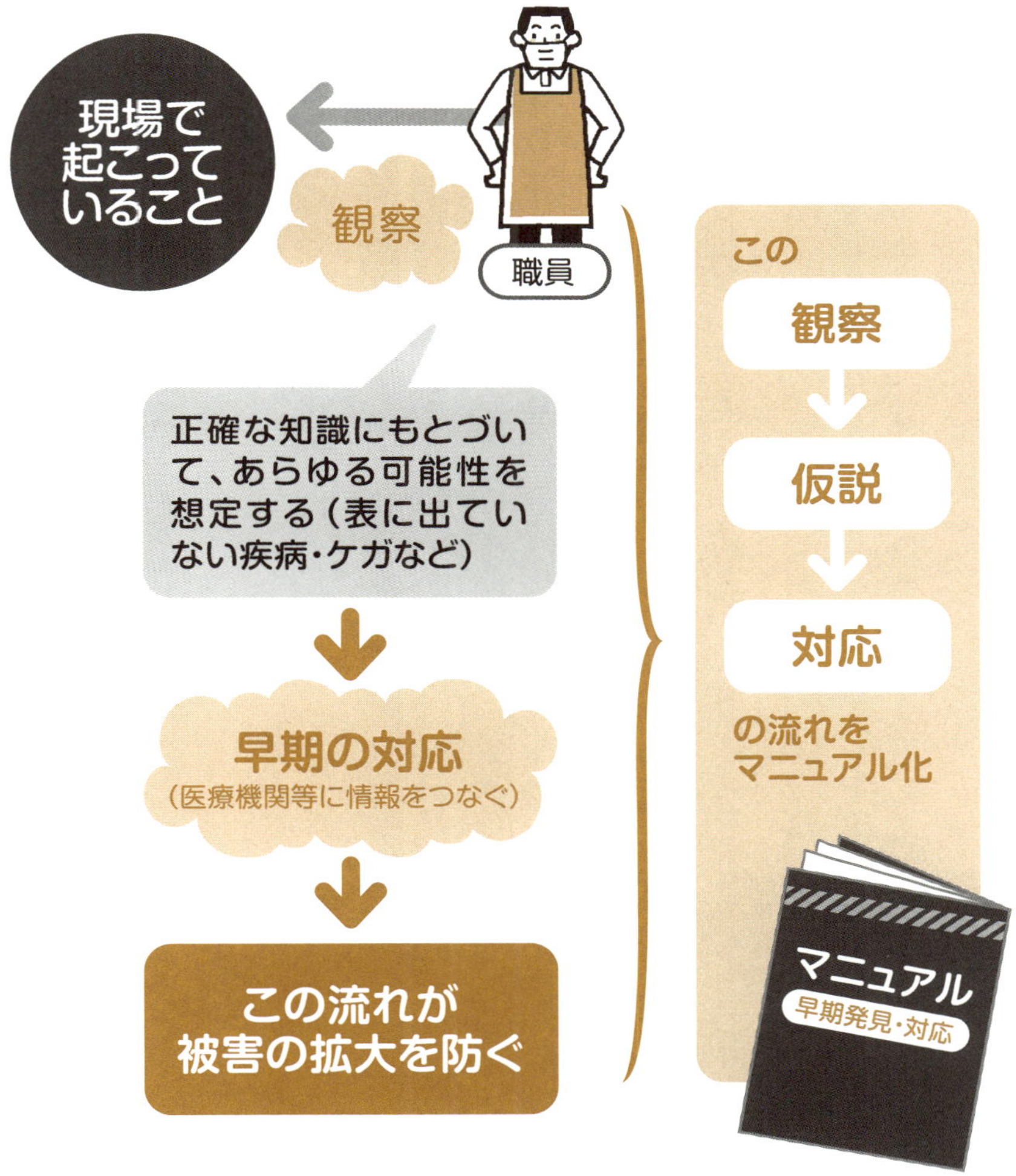
現場で
起こって
いること
観察
職員
正確な知識にもとづいて、あらゆる可能性を想定する（表に出ていない疾病・ケガなど）
早期の対応
（医療機関等に情報をつなぐ）
この流れが
被害の拡大を防ぐ
この
観察
仮説
対応
の流れを
マニュアル化
マニュアル
早期発見・対応

POINT

- 目の前の出来事に対し、あらゆる可能性を想定する
- いざというときの冷静な対応をうながすマニュアル

Chapter4

57

被害を抑えるためのポイントはどこに？

早期発見と適切な診断・対処、連絡体制を整える

被害を最小限に抑えるポイントとして、1点めが「早期発見」、2点め「初期における適切な診断・対処」、そして3点めに「情報共有のための連絡体制をどうするか」があげられます。

どんなに発生後の対処がしっかりしていても、そもそも「そこで事故が発生しているかどうか」に気づけなければ意味はありません。その点で、スタートラインとなる「早期発見」は重要です。

被害状況の「決めつけ」はしない

たとえば、職員が見ていないタイミングで利用者が転倒し、そのまま起き上がったとします。仮にそこで頭を打っていたとしても、職員が転倒の事実に気づかないままであれば、対処が遅れてしまいます。その後「言動が何かおかしい」と気づいても、すでに症状が進行しているわけです。

もっとも、「転倒の事実に気づく」だけでは足りないこともあります。たとえば、「頭を打っていないか」という点にこだわるあまり、「頭部の診断」を医師に依頼したものの、足の骨折を見逃し、その後に脚部のリハビリを続けたことで症状が悪化した事例があります。被害の範囲を決めつけてしまったことで悪化が進んだわけです。

また、対処ということでは、本人が心肺停止などにおちいったとき、その場の救命処置の状況によって生存率が大きく左右されることがあります。このあたりは普段からの応急処置の訓練が行われているかどうかがポイントです。

こうした対処がきちんと行われるためには、チーム内でのチェック体制も必要になります。

マニュアル作成に向けた3つのステップ

STEP1 早期発見

- 発生が予測されるタイミングは?
- 何が起こっている可能性があるのか?
- 「発見」できる職員のスキル・体制は整っているのか?

↓

STEP2 的確な初期対応

- 本人の状態をどう観察するのか?
- 救急車を呼ぶのか、協力医などに連絡するのか?
- 応急処置をどのように進めるのか?

↓

STEP3 組織内外での情報共有

- まず誰に・どのように連絡するのか?(優先順位)
- 連絡時に何をどのように伝えるのか?
- 指示を受けてどのように対応するのか?

POINT

- 早期発見、初期対処、連絡体制の整備が3つの柱
- 一連の対処がなされているかをチェックする体制を

Chapter4

58

3つのポイントを確実に実行するには？

いざというときのマニュアルをまず整える

前項で示した3点のポイントを実行していくには、「事故対処マニュアル」を整えることが必要です。流れとしては、①利用者のどのような状況に注目すべきか（早期発見のポイント）、②①のポイントに対して現場で何をすべきか（観察と応急処置など）、③誰にどのように連絡をとるか、④医師の診断などにどうつなげるか、⑤その後の経過観察をどのように進めるか——となります。

ここで忘れてはならないのが「何のためにそのマニュアルをつくるのか」という原点です。事故対処の目的は「その後の（救命も含めて）利用者の生活の質を落とさない」ことです。対処をひとつ間違えると、治療に要する入院期間が長くなることもあります。そうなれば、利用者の自立促進に向けたケアが進まなくなり、現場の稼働率も落ちて介護事業の経営問題にもつながります。

外部の専門機関などを含めた話し合いも

そうした問題を解決するためには、現場のあらゆる事故ケースを想定し、「そのときどのような症状が現れるのか」を医療・看護の専門職をまじえて検討する必要があります。つまり、①について、「その瞬間」を見ていなくても異変を察知するポイントに特に力を入れるわけです。②の観察と応急処置については次項でふれます。

現場によって異なるのは、③の連絡体制です。特に夜間で人手が薄いときの連絡体制、および看護・医療職の配置が薄い現場において外部の専門職との連携がポイントです。こうした体制確保については、外部関係者をまじえて検討します。

異常の「早期発見」を進めるためのポイント

つい「見過ごして」しまいそうな事象

↓

いつもと「違う」点が生じる具体的なケース（本人の言動など）

転倒など「見えやすい」事象

↓

本人の状態を観察（同時に応急処置、組織内での連絡など）

例
- ・顔色はどうか
- ・本人の訴えはどうか
- ・目の力や視線はどうか
- ・息遣いはどうか
- ・動きはどうか
- ・吐いたりしていないか

↓

多職種で「チェックポイント」を話し合う

POINT

- 何のためのマニュアルなのかを意識することが大切
- マニュアル整備に際しては外部機関との話し合いも

Chapter4
59

応急処置のマニュアルと日頃の研修体制を整える

いざ事故発生！ 現場でできることは何か

事故が発生し、利用者が深刻な状態におちいったとき、たとえば救急車などを呼ぶケースが生じます。ただし、救急車の到着までには一定の時間がかかり、その間に「どのような応急処置をはかるか」が生存率のカギとなることがあります。

このあたりの体制を整えていくうえで、日本赤十字社や消防署では「介護現場向け（つまりプロ向け）」のマニュアルを整えたり、研修を行ったりしています。現場の事故防止委員会などがコンタクトをとり、日頃から計画的に活用しましょう。

問題なのは、どんなにマニュアルを修得し、研修を積んだとしても、その場に直面すると「頭の中が真っ白」になってしまったりすることです。利用者の状態をよく観察せずに利用者の身体を動かしたりすると、かえって本人へのダメージを高めることになりかねません。

手順が前後するのを防ぐ研修も

そこで求められるのは、具体的な応急処置もさることながら、「本人の状態観察」を意識することです。まずは観察に集中することで、自分自身の冷静さを取り戻すきっかけにもなります。

もうひとつ気をつけたいのは、「まず応急処置」という気持ちが強すぎて、救急車を呼ぶタイミングが遅れたり、連携すべき機関・専門職への連絡に不備が生じることです。特に「ひとり夜勤」などの状況で、手分けができないときに生じやすい問題です。このあたりの手順はマニュアルで特にしっかりと記載し、研修ではフローチャートを書かせるなどの演習も行いましょう。

応急処置の前に心がけたいこと

生命の徴候を観察
(本人の全身を見て、話しかけ、直接ふれる)

↓

Check!

- ✓ 意識はあるか
- ✓ 呼吸はしているか
- ✓ 脈拍はどうか
- ✓ 身体の動きはあるか

↓

本人の安静を確保する

体位

1. 原則として水平に寝かせる
2. 意識がある場合
→本人に聞いて最も楽な体位に
3. 意識がない場合→**回復体位**を

回復体位

1. 本人を静かに横向きにする
2. 下あごを前に出す
3. 両肘を曲げ、上側のひざを約90°曲げる

↓

舌の落ちこみや吐しゃ物による窒息を防ぐ

(出典：日本赤十字社ホームページをもとに作成)

POINT

- その場の応急処置によって生存率が大きく変わる !?
- 慌てずに、まずは目の前の本人の状態を冷静に観察

Chapter4

60

「大したことはなかった」で安心しない

その後の経過観察やケアの見直しが重要に

事故・トラブルの発見・対処がうまくいき、利用者が早期に現場に復帰してきたとします。ここからは、その後の状態をきちんと把握することがポイントです。たとえば、転倒して頭を打ったとき、軽度の急性硬膜下血腫と診断されたとします。この場合、血腫が少なければ、薬物療法を行いつつ経過を観察することが必要です。

安静の程度や服薬の影響は？

では、どのような服薬が行われるのか（それによって食事などを変化させる必要があるのか、服薬による副作用はないのか）、どの程度の安静が必要か、経過のどのような部分をしっかり観察しなければならないのか。こうした気遣いが、介護現場に課せられてくることもあります。

大切なのは、やはり治療後における医療や看護との連携です。この場合、医療機関などから誰が情報を受けるのか、受け取った情報をどうやって現場で共有するのかといった体制についても、事前にマニュアル化するなどの必要があります。

なお、特養ホームにおいては、「利用者の病状の急変などに備えるため、配置医師による対応などの方針を定めること」が義務化されています。さらに、協力医療機関の協力も得て、1年に1回以上対応方法を見直すことも定められました。

なお、ある程度の入院期間がとられた場合、本人のＡＤＬ状況などが変化している場合もあります。退院前に病院で利用者の状態をまず確認し、退院後にはリハビリ職と一緒に「本人の状態」を目で確認するなどの対処が求められます。

治療・処置後の経過をどう観察するか？

服薬・治療による経過 ＋ 安静 ← 医師、その他の専門職から情報を得る

現場での経過観察

- ADLの状況は?
- 生活意欲の変化は?
- 本人の日々の健康状態は?

特に集中して記録をとりつつ、「異常」があればそのつどカンファレンスへ

POINT

- 治療などが行われた後にも気遣うべきポイントが！
- 多職種の意見を聞きつつ事故後の経過観察を進める

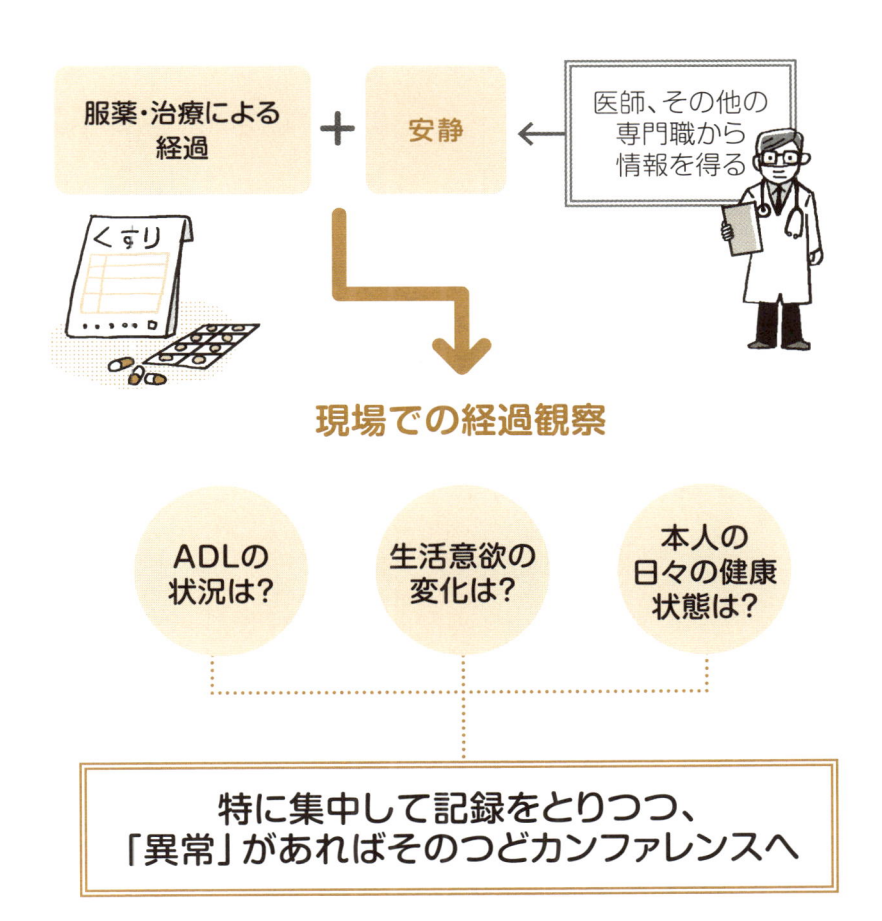

Chapter4

61

事故対応では対保険者の実務も重要に

行政への報告タイミングとその内容はどうなっている？

施設系サービスでは、サービス提供に際して事故が発生した場合には、速やかに利用者の家族等に連絡するとともに、市町村に対しても報告を行うことが運営基準で義務づけられています。

厚労省の通知では、事故により、①利用者が死亡したケース、②医師（施設の配置医含む）の診断を受けて投薬・処置など何らかの治療が必要になったケースは、報告を必須としています。それ以外のケースでも、自治体によっては「報告すべき」とすることがあるので注意しましょう。

市町村に対しては、❶事故発生から遅くとも5日以内に第一報を行います。❷それ以降は、事故防止委員会等で事故原因や再発防止策を取りまとめたうえで、追加的に随時行います。このあたりは、家族への報告や委員会での検証も含めて、各タイミングを現場でフローチャートにし、全従事者で共有しておくことが望まれます。

原則、国が示す様式に沿った報告を

市町村への報告に際しては、２０２１年3月に国から様式（１９６ページ参照）が示されました。通知では、できる限り同様式を活用することとしています。自治体ですでに独自の様式を定めているなどの場合は、その様式の使用を妨げるものではありません。それでも、国の示した様式の項目が含まれていることが必要とされています。

なお、報告書の提出については、現場実務の負担軽減などの観点から、電子メールで行うことが望ましいとされています。こうした送付を担う担当者なども決めておきましょう。

施設系サービスにおける市町村への事故報告

❶ どのようなケースが報告対象となる?

以下のケースは必須。それ以外でも、自治体によっては、報告を義務づけていることもあるので注意。

- 利用者が死亡したケース(死亡に至った年月日も)
- 医師(施設の配置医含む)の診断を受けて投薬・処置など何らかの治療が必要になったケース(入院したケースも含む)

↓

❷ 第一報のタイミングと報告の内容は?

第一報は、事故発生から遅くとも5日以内。その際には、事故の概要のほか、事故発生時の対応(受診内容含む)、事故発生後の利用者の状況や家族への報告の状況などを報告

→ 報告は電子メールで

↓

❸ その後の報告は?

事故防止委員会などで事故原因の分析や再発防止策の検討を行ったうえで、その内容を追加的に報告(再発防止策は評価時期やその結果も記す)

→ 報告は電子メールで

国が示す報告書の様式は、施設系以外でもできる限り活用することが望ましい

POINT

- 施設系では、市町村への事故報告が義務づけ
- 報告のタイミングと手法をフローチャートに

Chapter4
62

運営基準違反として行政処分も運営指導における点検にも注意

行政への報告を怠るとどうなる?

市町村への報告が義務づけられている事故ケースで、その報告を怠った場合はどうなるのでしょうか? 施設系サービスでは、市町村への報告は運営基準(厚労省令)で定められた法令上の規定です。それを怠った場合には、その事実が発覚すると行政による監査の対象となります。

運営基準を遵守しているかどうかを確認する運営指導は、施設側の任意の協力によって行われます。これに対し、監査というのは強制力をともなうものであり、正当な理由なくこれに従わないと厳しい行政処分を受けることもあります。

もっとも厳しい行政処分になると、介護保険法にもとづく事業者指定の効力の停止や指定取消しに至ることもあります。処分前に弁明の機会も与えられますが、最悪の場合はサービス運営ができなくなることも想定されるわけです。

運営指導での事故関連の点検項目

なお、運営指導については、すべての事業所・施設を対象に、事業者指定の有効期間中に少なくとも1回以上(施設系の場合は3年に1回以上)行われます。先に述べたように、事業所・施設側の任意の協力にもとづくものではありますが、運営基準上の必要な記録等が備わっているかどうかといった点もチェックの対象となります。

たとえば、介護事故関連では、事故発生時に市町村や家族等に対して行った連絡内容が分かるもの(報告書の原本など)、事故発生時の処置の記録などが対象となっています。記録の保存が重要である点を認識しておきましょう。

運営指導でチェックされる事故関連等の書類

【特養ホームの場合】

関連法令	確認項目	確認文書
緊急時等の対応（第20条の2）	・配置医師との連携方法その他の緊急時等における対応方法が定められているか ・上記対応方法は年1回以上見直されているか	・緊急時等における対応方法を定めたもの
苦情処理（第33条）	・苦情受付の窓口を設置するなど、必要な措置を講じているか ・苦情を受け付けた場合、内容等を記録、保管しているか	・苦情の受付簿 ・苦情への対応記録
事故発生防止・発生時の対応（第35条）	・事故発生の防止のための指針を整備しているか ・市町村、利用者家族等に連絡しているか ・事故状況、事故に際して採った処置が記録されているか ・損害賠償すべき事故が発生した場合に、速やかに賠償を行っているか ・事故発生の防止のための委員会及び従業者に対する研修を定期的に行っているか ・上記の措置を適切に実施するための担当者を置いているか	・事故発生の防止のための指針 ・市町村、家族等への連絡状況がわかるもの ・事故に際して採った処置の記録 ・損害賠償の実施状況がわかるもの ・事故発生防止のための委員会の開催状況及び結果がわかるもの ・研修の計画及び実績がわかるもの ・担当者を置いていることがわかるもの

POINT

- **市町村への事故報告を怠ると行政処分も**
- **運営指導でチェックされる書類を再確認**

Chapter4

63

事故記録の取り扱いも大切な業務

事故記録をどのように保存し、開示していくか

行政に提出する事故報告書とともに、施設・事業所内でも事故記録を作成、保管しておくことが求められます。同時に、被害者本人や家族が開示を求めてきた場合のルールも作成しましょう。

事故記録については、事故報告書の流れに沿って行いますが、「報告書と記録の内容が違う」ということがないように注意します。報告書の写しをとっておくなどして、事故記録が作成された後に管理者が2つを照合する流れが必要です。

家族へは短い間隔で連続した情報開示を

被害者側への情報開示については「求めに応じて行う」ことになりますが、施設・事業者側と被害者側の信頼関係が崩れると、訴訟などに発展するリスクが生じます。その点を考えたとき、こちら側から積極的な開示を行うことも必要です。

まず事故が発生した場合、緊急連絡先のひとつに家族や親族が入ってきます。その段階から正確な情報を伝えなければなりません。あとで事故記録を見たとき、当初の報告と異なっていたりすると、不信感が増す危険があります。事故発生時のパニック状態の中でも随時メモをとるなど工夫して、それをもとに報告を行いましょう。どうしてもメモをとる余裕がない場合、携帯用のレコーダーやスマホの録音アプリで医師や救急隊員、その他現場の人々とのやりとりを録音しておきます。

その後は、病院などに家族がおもむいていればまずそこで面談、そして事故報告書作成後に再びやりとりをする、という流れをとります。短い間隔で随時状況報告を行うことが重要です。

事故に際しての「連絡」をどこに、どう行うか？

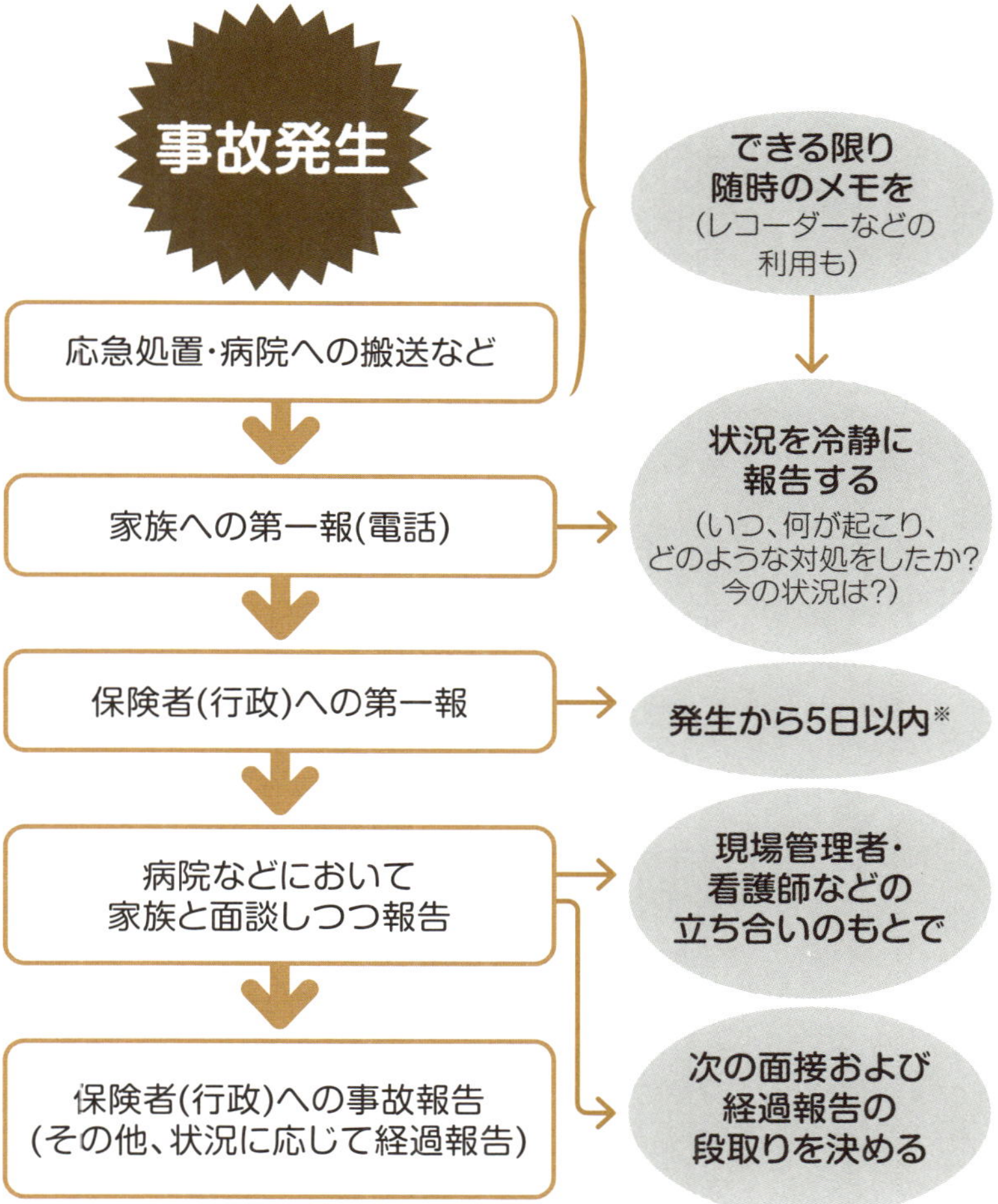
事故発生
応急処置・病院への搬送など
できる限り
随時のメモを
（レコーダーなどの
利用も）
家族への第一報(電話)
状況を冷静に
報告する
（いつ、何が起こり、
どのような対処をしたか？
今の状況は？）
保険者(行政)への第一報
発生から5日以内※
病院などにおいて
家族と面談しつつ報告
現場管理者・
看護師などの
立ち合いのもとで
保険者(行政)への事故報告
(その他、状況に応じて経過報告)
次の面接および
経過報告の
段取りを決める

POINT

- 報告書とは別に「事故記録」をしっかり書いて保管
- 被害者側には「情報開示」が誠意を示す基本に

※自治体によって様式・期日が異なることもあるので注意。

Chapter4
64

再発防止へ向けた振り返りを必ず行おう

事故の経験をそのままにしておかない

ひとつの事故が発生した場合、それは何らかのリスクが「水面上」に顔を出したことを意味します。逆に言えば、まだ現場には「そのリスク」が存在しているわけで、放っておけば短い期間に同じ事故が起こる可能性もあります。

そこで、一連の緊急対応が落ち着いた段階で、すぐに事故防止委員会を開きます。その場で、すでに作成されている事故記録・事故報告をもとに、「現場にどのようなリスクが存在しているのか」を分析し、対応策を話し合うことが必要です。

もし職員が目を離したすきに転倒事故が起こったならば、その場における職員配置は適切か、死角が生じるような環境はないかどうかを検討します。また、そもそも利用者の身体状況についてのアセスメントをとる体制が十分だったかどうか、といった点も問い直していくことになります。

利用者の家族に委員会の検討結果を公表

事故防止委員会での話し合いは必ず議事録に残し、「リスク分析」と「再発防止の具体策」を文書にまとめます（行政への事故報告書にも再発防止策を記す項あり）。被害規模が大きい事故なら、利用者家族を集めた会合を催し、事故防止委員会による話し合いの結果を公表しましょう。

被害者の家族はもちろん、他の利用者の家族にとっても「同じことが再び起こらないか」「この施設（事業所）には何かしらの構造的な問題があるのではないか」という不安が募っているはずです。これをていねいに取り払っていくことが、社会的信頼を取り戻す大きな一歩となります。

事故の再発防止に向けた取り組みの流れ

事故報告・記録の作成

＋

利用者のアセスメント情報

事故の一連の流れを具体的に

そのときの職員の居場所・人員配置なども

(行政への報告様式は196ページ参照)

↓

臨時の事故防止委員会を開催

・事故対応に問題はなかったか？
・原因はどこにあるか？
・まだリスクが存在していないか？

↓

リスク分析とともに再発防止策をまとめる

被害者の家族　／　他の家族　／　行政

それぞれに報告
(被害者のプライバシーに配慮)

POINT

- 一連の事故対応の後、時間をおかずに再発防止策を
- 再発防止策が固まったら利用者家族や保険者に報告

Column

事故報告書の記入例

事故報告書　（事業者→○○市（町村））

※第１報は、少なくとも1から6までについては可能な限り記載し、事故発生後速やかに、遅くとも５日以内を目安に提出すること
※選択肢については該当する項目をチェックし、該当する項目が複数ある場合は全て選択すること

（注１）　□第1報　☑第　2　報　□最終報告　　　提出日：西暦　2024年　9月　30日

1事故状況	事故状況の程度	☑受診(外来・往診)、自施設で応急処置	□入院	□死亡	□その他（　）							
	死亡に至った場合 死亡年月日	西暦		年		月		日				
2事業所の概要	法人名	社会福祉法人●●会										
	事業所（施設）名	特別養護老人ホーム●●							事業所番号	40○○○○○○○○		
	サービス種別	介護老人福祉施設										
	所在地	〒○○○-○○○　東京都●●区●●●　○丁目○番○号 （TEL○○-○○○○-○○○○）										
3対象者	氏名・年齢・性別	氏名	○山○夫		年齢	85歳			性別：	☑男性	□女性	
	サービス提供開始日	西暦	2024	年	5	月	10	日	保険者	△△県□□市		
	住所	☑事業所所在地と同じ	□その他（　）									
	身体状況	要介護度	□要支援1	□要支援2	□要介護1	☑要介護2	□要介護3	□要介護4	□要介護5	□自立		
		認知症高齢者日常生活自立度	□Ⅰ	□Ⅱa	□Ⅱb	☑Ⅲa	□Ⅲb	□Ⅳ	□M			
	発生日時	西暦	2024	年	9	月	27	日	16	時	20	分頃（24時間表記）

※1　基本的に、利用者個人ごとに作成するが、感染症・食中毒等において、ひとつのケースで対象者が多数にのぼる際は、保険者に様式の確認を。たとえば、事故報告書を１通作成し、これに対象者のリスト（2「対象者」、4「事後の対応」、各人の病状の程度、搬送先等の内容を含むこと）を添付してもよいとするケースもある。

※2　事業所所在地の保険者と利用者が被保険者となっている保険者双方へ報告すること（施設入所の場合、双方が異なるケースがあるため）。

※3　重大事故等、緊急を要するものについては、事故報告書を提出する前に、電話等、より迅速な手段により事故の概要を報告する。

※4　利用者同士のトラブル、無断外出、交通事故等は、事業者側の責任や過失の有無は問わない。

4 事故の概要	発生日時	西暦 2024 年 9 月 27 日 16 時 20 分頃（24時間表記）
	発生場所	☐ 居室（個室）　☐ 居室（多床室）　☐ トイレ　☐ 廊下 ☑ 食堂等共用部　☐ 浴室・脱衣室　☐ 機能訓練室　☐ 施設敷地内の建物外 ☐ 敷地外　☐ その他（　　　）
	事故の種別	☑ 転倒　☐ 異食　☐ 不明 ☐ 転落　☐ 誤薬、与薬もれ等　☐ その他（　　　） ☐ 誤嚥・窒息　☐ 医療処置関連（チューブ抜去等）
	発生時状況、事故内容の詳細	① 対象者がユニットの共有スペースの中央テーブルに車いすで来て、テレビをご覧になっていた ②当時、共有スペースには２名の介護職がいたが、１名（職員Ａ）は隣のテーブルで他の入居者の手芸細工の手伝いを、もう１名（職員Ｂ）はまた別の入居者のトイレ誘導を行っていた ③対象者に対しては、２名の職員は３～５ｍほど離れた位置での見守りとなった ④座位がやや傾いた様子が確認されたので、職員Ａが立ち上がり、対象者に近づこうとした ⑤④とほぼ同時に対象者が車いすから立ち上がり、そのまま斜め右前に転倒した ⑥職員Ａがただちに助け起こしたが、対象者は脚部に強い痛みを訴えた
	その他 特記すべき事項	（注２）
5 事故発生時の対応	発生時の対応 （注３）	①職員Ａがステーションにいた看護師を呼んで状況観察をしたところ、看護師から「脚部骨折の疑いがある」と言われ、協力病院に連絡をするよう指示された ②協力病院に連絡を入れたうえで、対象者を車いすに乗せたまま送迎車で病院まで搬送を行った ③搬送先の病院でレントゲン等の検査を行ったところ、大腿骨頸部骨折と診断され、翌日手術が行われた
	受診方法	☐ 施設内の医師(配置医含む)が対応　☐ 受診(外来･往診)　☑ 救急搬送　☐ その他（　　　）
	受診先	医療機関名：○○総合病院　連絡先（電話番号）：○○-○○○○-○○○○
	診断名	大腿骨頸部骨折
	診断内容	☐ 切傷・擦過傷　☐ 打撲・捻挫・脱臼　☑ 骨折(部位　大腿骨頸部 ☐ その他（　　　）
	検査、処置等の概要	レントゲン検査、手術

記載注

（注１）　事故処理が長期化する場合については第一報後、途中経過を「第○報」として提出する。

（注２）　事故の種別の「その他」には、利用者同士のトラブル、無断外出、事業所の災害被災、従業者の法令違反や不祥事、交通事故等が含まれる。

（注３）　事故発生時の対応の中には、報告が遅延した場合の理由も記載。

6 事故発生後の状況	利用者の状況		①術後の経過は良好で、現在、対象者は同病院で入院・療養中である。 ②入院必要期間は●月●日時点では明らかではない
	家族等への報告	報告した家族等の続柄	□ 配偶者　☑ 子、子の配偶者　□ その他（　　）
		報告年月日	西暦 2024 年 9 月 27 日
	連絡した関係機関（連絡した場合のみ）		□ 他の自治体　自治体名（　　） □ 警察（注4）　警察署名（　　） □ その他（注5）　名称（　　）
	本人、家族、関係先等への追加対応予定		事故発生の翌日28日に当施設にご家族に来訪いただき、改めて事故発生時の状況報告等を行った。その後の入院・治療費にかかる賠償については、10月3日に再び御来訪いただき、ご家族と話し合う予定。
7 事故の原因分析（本人要因、職員要因、環境要因の分析）（注6）			（できるだけ具体的に記載すること） ①今回の転倒事故に対して、９月28日に事故・トラブル防止委員会で原因を検証 ②対象者側の要因として「対象者の座位が崩れたことにより、車いすに座っていることへの苦痛が生じていた」ことと、「対象者に自身のＡＤＬへの失認」があったことで、対象者が「苦痛から解放されたいという意識から立ち上がってしまった」という考察を得た ③職員側の要因として、「当時職員が他の利用者に一時的にかかりきりとなり、対象者の動向に気づくのが遅れたこと」という考察を得た
8 再発防止策（手順変更、環境変更、その他の対応、再発防止策の評価時期および結果等）			（できるだけ具体的に記載すること） ①以後の再発防止策として、❶座位が崩れやすいご利用者がどれだけ入居しているか（現状で座位の崩れが確認できなくても、腰痛などがあるご利用者は対象とする）、❷ＡＤＬの失認があるご利用者がどれだけ入居しているかについて再アセスメントを行う ②上記❶に該当するご利用者に対しては、座位を保つためのクッションの当て方を検討 ③上記❷に該当するご利用者がいる場合、必ず職員１名が手の届く範囲で見守りを行う ④上記❶、❷リスクのあるご利用者が日中共有スペースにいる場合、その場での職員体制は常時３名とし、うち１名はフロア全体を見渡せる位置につく。人員が1名でも欠ける場合は、必ず他の職員に交代を願い出る ⑤以上の再発防止策をマニュアル化して、研修を通じて全職員に周知する（評価時期は●月末日を設定。評価結果はその翌月10日に報告予定）
9 その他 特記すべき事項			上記再発防止策を策定した後、今回の対象者のご家族に提示し了承を得た

（注4）　従業者の直接行為が原因で生じた事故、従業者の介助中に生じた事故のうち、利用者の生命、身体に重大な被害が生じたもの（自殺、行方不明等、事件性の疑いがあるものを含む）については、管轄の警察署へ連絡すること。

（注5）　感染症、食中毒等が生じた場合は、管轄の保健所へ連絡すること。

（注6）　行政への第一報の時点で「事故の原因分析」や「再発防止策」の検討が未実施の場合は、委員会等での検討予定を記したうえで、検討終了後に速やかに追加での報告を行うこと。

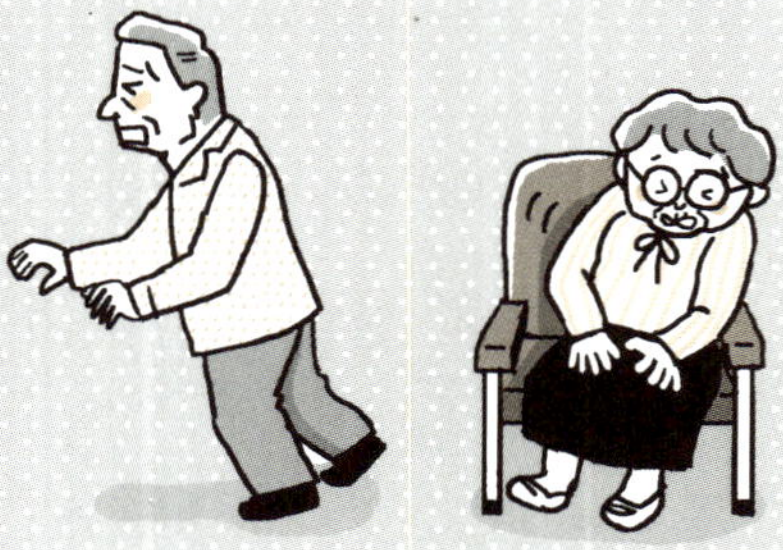

Chapter

5

【事後対処編②】

利用者側の
クレームなどへの対応

Chapter5

65

対応を誤ると現場に大きなダメージが

クレーム処理は「事故防止」にもつながる

大きな事故や不祥事以外でも、介護現場にはさまざまな苦情・クレームが寄せられます。介護を必要とする利用者や家族には常に追い込まれている状況があるゆえ、ちょっとしたことにも不安や不信を抱きやすい、という背景がそこにあります。そこから生じる苦情・クレームが過剰になると、カスタマーハラスメントとなることもあります。

ただし、苦情やクレームのすべてを「過剰反応」と考えてしまうのは誤りです。利用者やその家族は、たとえ「冷静ではない」という状況にいても第三者の目をもっていることには変わりありません。火のないところに煙は立たず——つまり、発せられる苦情・クレームの中には、サービス提供側からは見えにくい「大きなトラブルの芽」がひそんでいる可能性があるわけです。

たとえば、特定の利用者から「食事がまずい」というクレームがあったとして、「他の利用者からは特に出ていないから」と見過ごしてしまうのは問題です。もしかしたら、他の利用者も同じ感想をもっているかもしれません。それが食欲の低下を招き、栄養状態の悪化につながるとしたら、さまざまなリスクが生じることになります。

本人の「異常」を早期発見する機会にも

また、食事のクレームには、当人の味覚や嚥下状況に生じた問題の現れという可能性も。となれば、クレームの発信者に、何かしらの異常が起こっていることも想定する必要があるでしょう。

苦情・クレームは、そこに隠れている課題を探り出す大切な材料であると考えたいものです。

苦情・クレームの背景に大きなトラブルの芽が！？

たとえば……

「食事がまずい」

↓

食事が食べづらくなっている?	他の利用者も同様?	味覚以外にも「まずさ」の原因が?
▼	▼	▼
本人の嚥下状態に変化?	全員の栄養状態に懸念?	食事時の雰囲気・人員体制は?

↓

料理そのものを改善するだけでは解決しない課題も?

POINT

- 苦情・クレームには大きなトラブルの芽がひそむ
- 利用者・家族は少なくとも「第三者の目」となる

Chapter5

66

事故・トラブルの構造を頭に入れて考える

苦情・クレームの水面下に隠れているもの

カスタマーハラスメント（以下、カスハラ）が社会問題となる昨今では、苦情・クレームを受けたとき、現場では何でも「カスハラ」と決めつけがちです。確かに「なぜそんな訴えを？」と困惑しやすいケースはありますが、介護現場では「まず受け止める」ことを基本とします。

どんな訴えでも、それが出てくるということは、相手側に何かしらの不信や不満が蓄積している可能性があります。仮にそれが「こちら側の責任」ではなくても、利用者やその家族に強いストレスがかかっている可能性もあり、それが放置されると別の問題につながることも考えられます。

たとえば、家族が「介護に対する強いストレス」を抱えて、それが苦情・クレームを生み出している場合があります。そこに目を向けないと、本人への虐待（身体的な虐待やネグレクトなど）につながる危険も高まります。また、それを見逃すと利用者本人の生活の質が大きく低下し、介護サービスの効果を損なうことにもなりかねません。

職員個人ではなく組織として対応を

この点を考えたとき、どんなに些細な苦情・クレームでも記録に残し、そこにある「水面下のリスク」を探ることが必要です。何らかの対応をすること自体、利用者や家族のストレス軽減につながり、リスクを減らすことにもつながります。

もちろん、苦情・クレーム対応を特定の職員に集中させることは、職員の燃え尽きリスクを高めます。苦情対応の窓口を一元化し、組織でのカスハラ対策も同時に確立することが必要です。

苦情・クレームに潜む「水面下の問題」にも着目

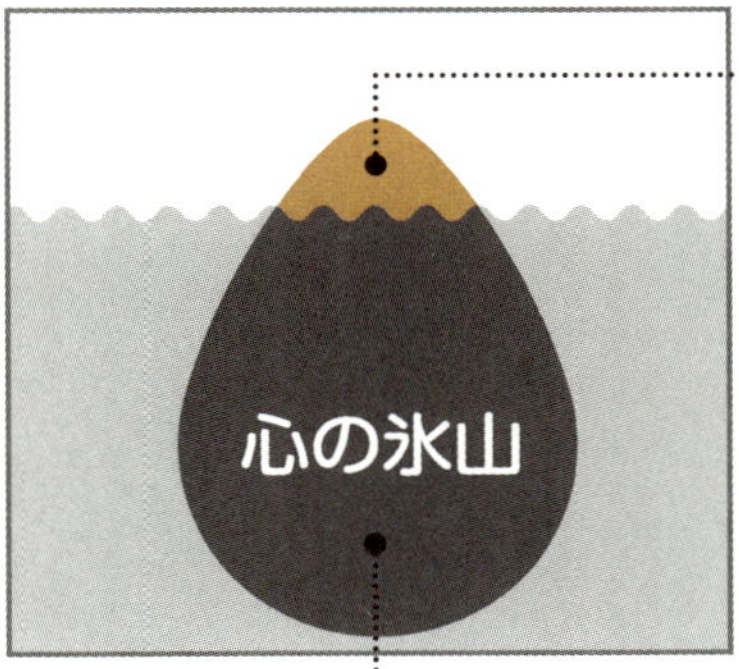

苦情・クレーム
として現れるのは
ごく一部という
ケースも

水面下にさまざまな
不安・不満・動揺などが
たまっている？

ここに目を
向けないと

「理不尽な訴え」
＝
すべてカスハラ

という判断だけで
課題解決の踏み込みが
不足する

放置することで
さらに
大きな問題に!?

POINT

- クレーマー的な訴えであっても「課題」を掘り出す
- 利用者や家族のストレスの反映という見方も必要に

Chapter5

67

現場の過剰負担を防ぎ、リスクをきちんと分析するには

苦情・クレームを受け付ける専門の担当者を配置する

組織での対応を進めるうえでは、まず、苦情・クレームを受け付ける専用窓口を設けます。「窓口」といっても、事務所に机と窓口を設けるという意味ではなく、利用者や家族からの苦情・クレームを専門的に聞く担当者を備えるということです。

大切なのは、利用者や家族の状態・状況をよく心得ている人を担当者にすることです。事務方の人でも構いませんが、利用者の状態や現場での状況が把握できていなければ、「苦情・クレームの背景」をつかみきることは難しいでしょう。

たとえば、施設であれば相談員職が適任です。利用者側の情報に精通するだけでなく、現場を比較的客観的に見られる立場という点にもメリットがあります。また、相談員は、利用者・家族の居宅に足を運ぶケースも多いので、相手方も「じっくり話を伝えやすい」というメリットもあります。

現場に「投書箱」を設けておくことも

配置された担当者は、机に構えているだけでなく、常に現場をラウンドし、「利用者が苦情・クレームを伝えやすい」位置にいることが必要です。逆に「何か言いたそうだな」という雰囲気を察知したときは、こちらから「今日の食事はいかがでしたか？」という具合に、何気ない問いかけをしてみるといいでしょう。

また、「面と向かって言いにくい」という人のことも考慮し、苦情・意見用の投書箱を設けておくことも必要です。これも事務所窓口に置くだけでなく、現場にも備えておきます。この箱をチェックするという名目で巡回してもいいでしょう。

苦情・クレームを専門に受け付ける担当者を置く

受け付けを専門に行う担当者

- 複数の訴えから共通の課題をつかみやすい
- 客観的な立場から冷静に対応しやすい

※もちろん、カスハラ対応の研修も積みつつ、組織でもバックアップの体制を

現場職員が個々に対応

- 職員への負担が大きく、利用者や家族との距離感が取りにくいゆえに感情的になったりしやすい
- 燃え尽きリスクも高まる

↓

1. 現場を1日1～2回ラウンド
   - 利用者や家族の話を聞く
   - 訴えを受けた職員の話を聞く
   - 現場の介護記録をチェック
2. 現場に置いた投書箱をチェック
3. 家族の間で電話やメールのやりとり

POINT

- **現場職員に苦情・クレームの受け付けは限界がある**
- **受け付け専門の担当者を配置することから始めよう**

Chapter5

68

受付担当者はどのような「動き」が必要？

隠れた訴えにも敏感に。聞く姿勢も大切

受付担当者を設けても、苦情・クレームが現場の職員に直接向くことがあります。そこで、現場を巡回する際には、職員にも声をかけ「何か訴えはないか」をリサーチします。報告する余裕がない職員もいるので、申し送りノートや各種記録にも目を通し、利用者・家族から何らかの訴えが出ていないかどうかをチェックします。

こうした直接・間接的な訴えは、必ずメモに残します。利用者側・職員側の訴えを聞きながらメモをとることは、「相手の話をきちんと聞いている」姿勢を示すことにもなるからです。その結果、利用者側の信頼感・安心感につながり、それだけで「感情的な訴え」が収まることもあります。

職員側としても、「ちゃんと現場を見てくれている」という安心感がはぐくまれ、モチベーションの低下を防ぐことにもつながります。

その人の心の裏まで聞き取る姿勢を

どんなに理不尽と思える訴えでも、相手の話をさえぎったりせずに最後まできちんと聞くことが大切です。よくあるのは、相手の話があちらこちらへ飛んでしまい、「いったい何が言いたいのか、問題はどこにあるのか」が見えないケースです。聞く側としてはついイライラしてしまいがちですが、これも冷静に聞き続けることが担当者の仕事と心得ましょう。

話の本質が見えない訴えの場合、問題の根っこが意外と深いことがあります（例：疾患の悪化によって精神状況が不安定になっているなど）。「その人の訴えの裏も探り取る」姿勢が大切です。

苦情・クレーム受け付け担当に求められること

❶ 利用者や家族を「安心」させる人柄

- あいさつがしっかりでき、腰が低い
- 口調がやわらかく、落ちついている

❷ 相手の話を傾聴できるスキル

- 相手の話をさえぎったりしない
- 早急な結論を求めない
- 相手の気持ちや感情の背景を察することができる

❸ その場でメモをとって要点が整理できる

- メモをいつも携帯して聞き取りをする
- とりとめのない話でも粘り強く聞ける
- その場で「幅広い課題」を想定できる

❹ フットワークが軽く、対処が早い

- メモした課題をその日のうちに整理
- 他職種との連携に慣れている

POINT

- 担当者は現場をラウンドして「訴え」を探し出そう
- 相談用の投書箱や現場の記録などもチェックする

Chapter5

69

苦情・クレームを受け付けたらどうするか

受付→処理→リターンの流れを整理する

利用者や家族の苦情・クレームを受け取った際、いかに早くリターンできるかが大きなポイントです。たとえ早期の解決が難しい問題であっても、「改善・解決のためにこうした動きをとっている」ことを報告すれば、「忘れられていない」という相手側の安心感を得ることができます。

逆に、リターンが遅いと「何を訴えてもダメ」という心理から、解決の必要な課題がだんだん表に出てこなくなったりします。また、不安が解消されないために、もっと強い苦情・クレームの形で表に出てくることもあります。そうなれば、現場職員の負担が増えかねません。

早期のリターンでは以下の手順を意識します。①受付の際、「すぐに検討してご返事を差し上げます」と伝える。②その日のうちに担当者レベルで課題分析を行う。③一両日中にカンファレンスなどで「検討課題」として取り上げる。④解決策がその場で出た際には訴えた人に「解決策の提案」を行う。⑤すぐに解決できない課題でも、訴えから2日以内に「経過」の第一報を報告する。

解決の難しい課題は外部組織との連携も

難しいのは、利用者側の訴えに関して、現場のカンファレンスだけでは解決できないケースです。たとえば、介護保険の範囲外となるサービスを求められたといった場合、「介護保険の事業枠では提供できない」と伝えることになります。それに利用者・家族が納得しない場合は、地域包括支援センターや自治体などの外部機関と連携しながら対応を図ることが原則です。

苦情・クレームを処理する流れとは？

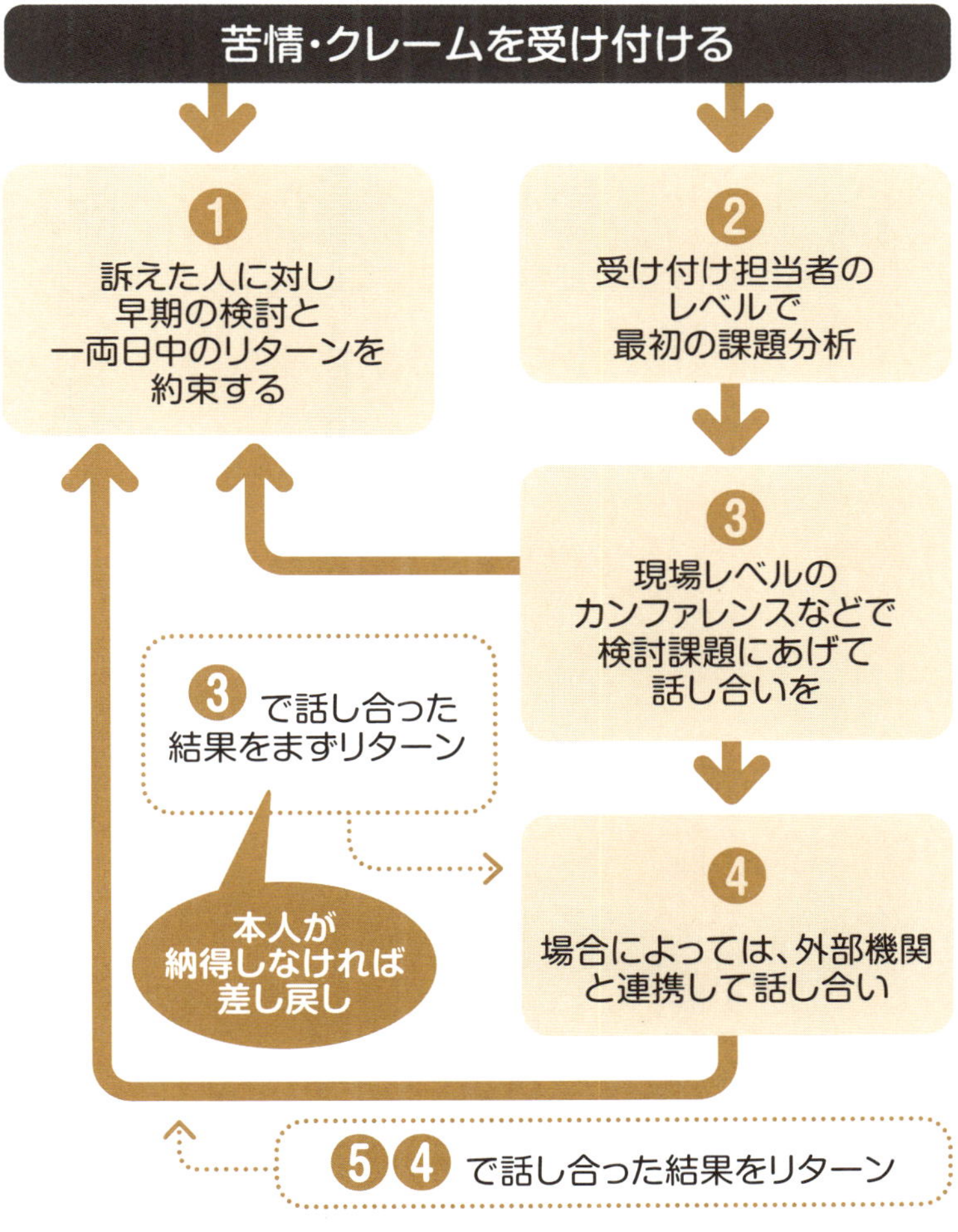
苦情・クレームを受け付ける
①
訴えた人に対し
早期の検討と
一両日中のリターンを
約束する
②
受け付け担当者の
レベルで
最初の課題分析
③
現場レベルの
カンファレンスなどで
検討課題にあげて
話し合いを
③で話し合った
結果をまずリターン
本人が
納得しなければ
差し戻し
④
場合によっては、外部機関
と連携して話し合い
⑤④で話し合った結果をリターン

POINT

- 受け付けた訴えはすぐ課題分析にかけて現場で検討
- 訴えた側に対して、随時「検討経過」を報告しよう

Chapter5

70

訴えに隠れた課題までしっかり対応を

苦情・クレームの背景を分析する力が重要

苦情・クレームを処理する場合、「それは何のために行うのか」という原点を見失わないことも大切です。利用者側の訴えに応えるというのは当たり前ですが、利用者側の「こうしてほしい」という結果ばかりを追いかけていても、それだけで訴える側が満足するとは限りません。

利用者側の不安・不満には、本人の訴えとは別のところに問題の根っこが存在することがあります。ここにきちんとメスを入れないと、苦情・クレームがその後もエスカレートし、「何のため」という原点が見えにくくなります。

たとえば、「トイレ介助を頼んでいるのに職員の対応が遅い」という訴えがあったとします。これに対し、職員の立ち位置を工夫して対応を早めるという対策をとったとして、それでも「対応が遅い」というクレームが止まないとします。

苦情・クレーム分析は事故防止にも

これを「単なるクレーマー」と見ても問題は解決しません。実は、その人には前立腺肥大や膀胱炎などの疾患があり、「すぐにトイレに行きたくなる」という不安から訴えが出ていることがわかりました。つまり、本人の疾患という課題にきちんと目を向けないと、訴えが生じる根っこの問題はなかなか解決できないことになります。

このように、苦情・クレームの背景をきちんと分析していけば、疾患など「隠れているリスク」の早期発見につながります。つまり、その後の大きな事故・トラブルの防止にもつながるわけで、そうした視点での課題分析が求められます。

苦情・クレームの処理で大切なことは何か？

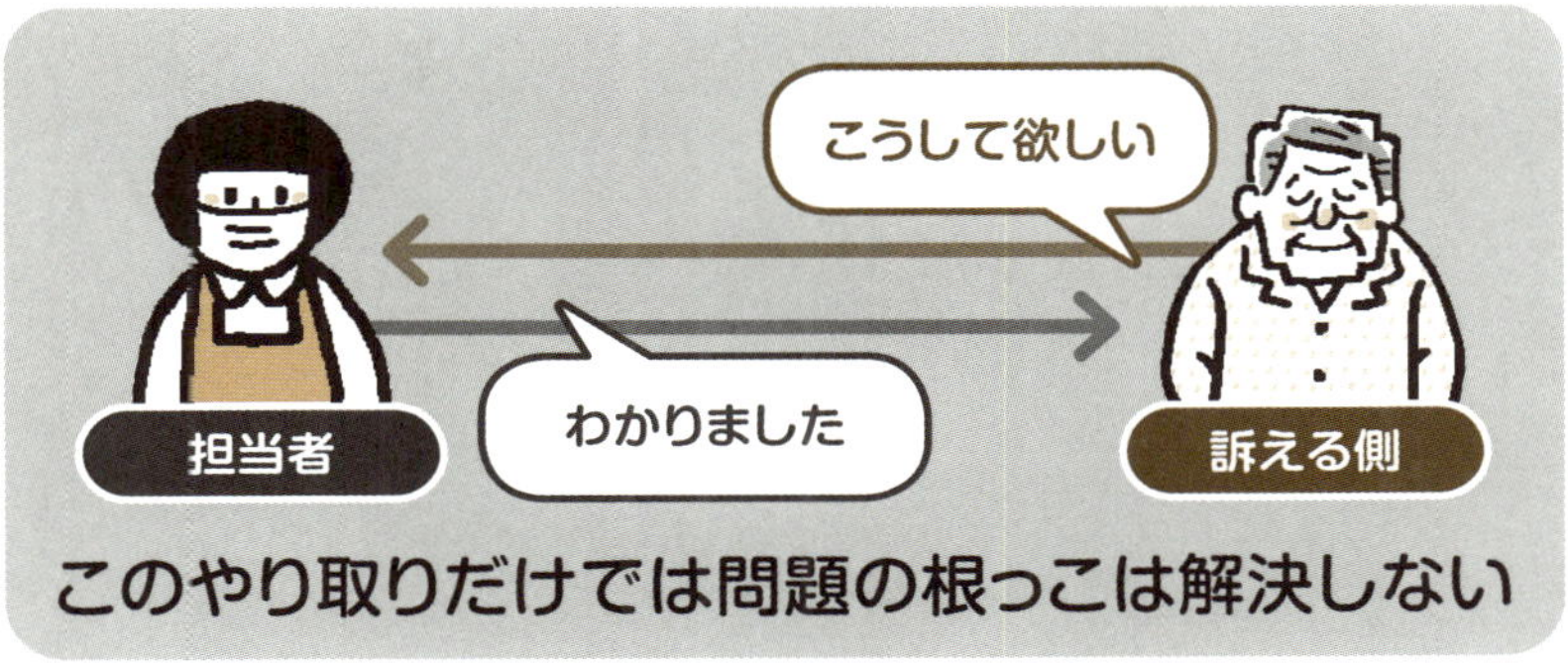
こうして欲しい
わかりました
担当者
訴える側
このやり取りだけでは問題の根っこは解決しない

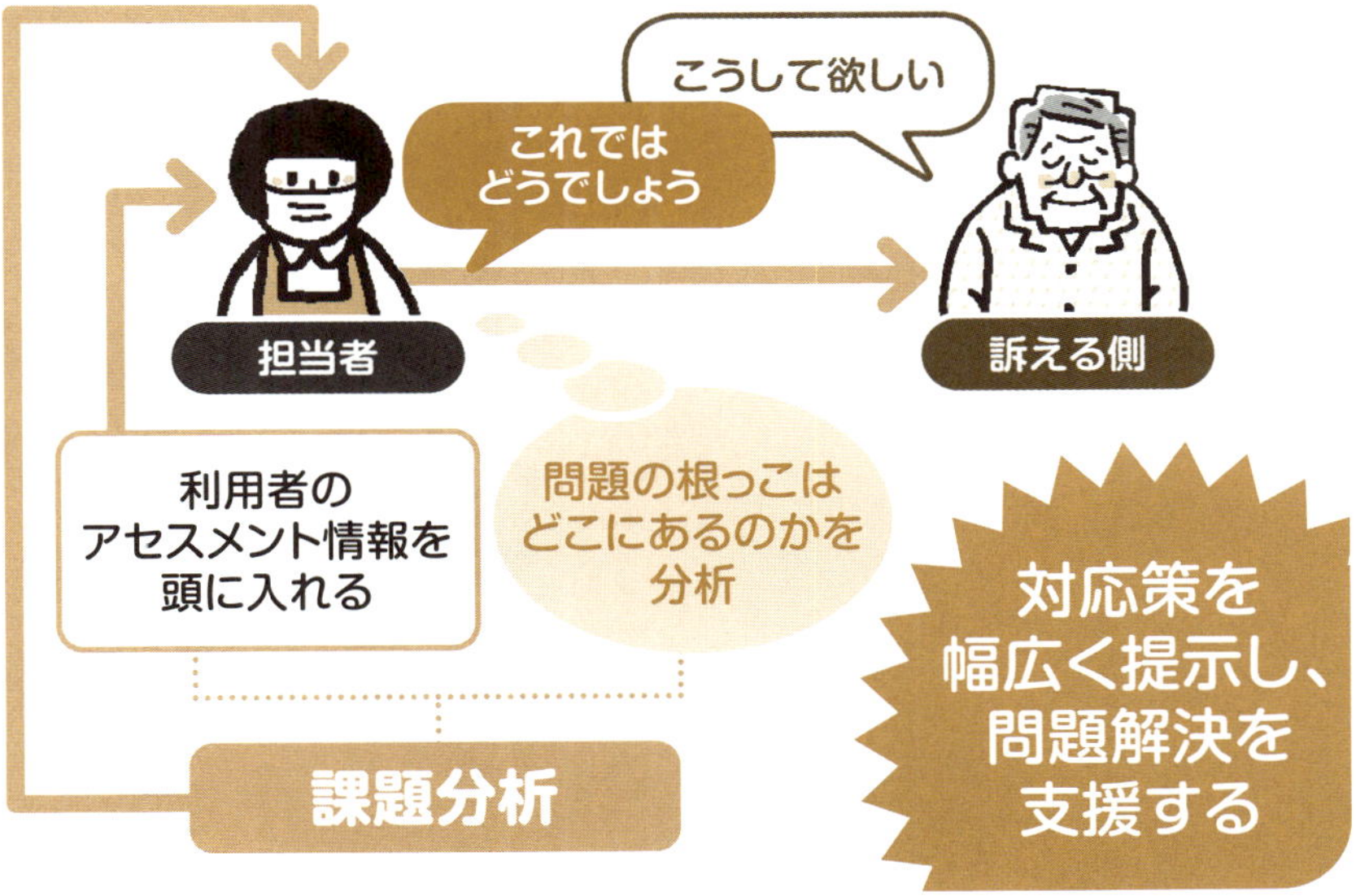
こうして欲しい
これでは
どうでしょう
担当者
訴える側
利用者の
アセスメント情報を
頭に入れる
問題の根っこは
どこにあるのかを
分析
課題分析
対応策を
幅広く提示し、
問題解決を
支援する

POINT

- 苦情・クレーム対応は「何のため？」という自問を
- 苦情・クレームに隠れるリスクの早期発見を志す

Chapter5

71

リターンからアフターフォローの仕組み

訴える側の「真の納得」を得るために

前項のように、「直接的な訴えの内容」とは別のところにも課題がある場合、訴えた人へのリターンの方法も工夫する必要があります。

まず、当事者が「訴える直接的な内容」に対しては、きちんと対処しながらリターンを行い、相手への誠意を示す必要があります。と同時に、「訴えには直接出ていないが、根っこにある課題」についても、同時並行で対処を進めていきます。

この場合、後者の「根っこの課題」の話は、なかなか本人には言いにくいケースもあります(例：訴えの背景として、本人の認知症の進行が影響しているなど)。本人ではなく家族に伝えるという方法もありますが、「根っこの課題」が「家族の介護ストレスに起因する」などの場合、そのことを家族本人に指摘するのも難しいでしょう。

リターンとアフターフォローを組み合わせ

そこで、「直接的な訴えの内容」についてのリターンは行いつつ、根っこの課題について、「こういう支援を行っています」という内容をサービス計画書などで示します。「訴え」に対するリターンとは切り離された対応ではありますが、結果的に支援の内容を開示しているわけですから、利用者や家族に隠していることにはなりません。

いずれにしても、課題分析とその対処法が正しく行われていれば、結果として苦情・クレームは収まっていきます。その意味では、「訴え」に対するアフターフォローと言えるでしょう。

このアフターフォローとリターンをうまく組み合わせていくことが、介護現場の役割となります。

リターンとアフターフォローを組み合わせて対応

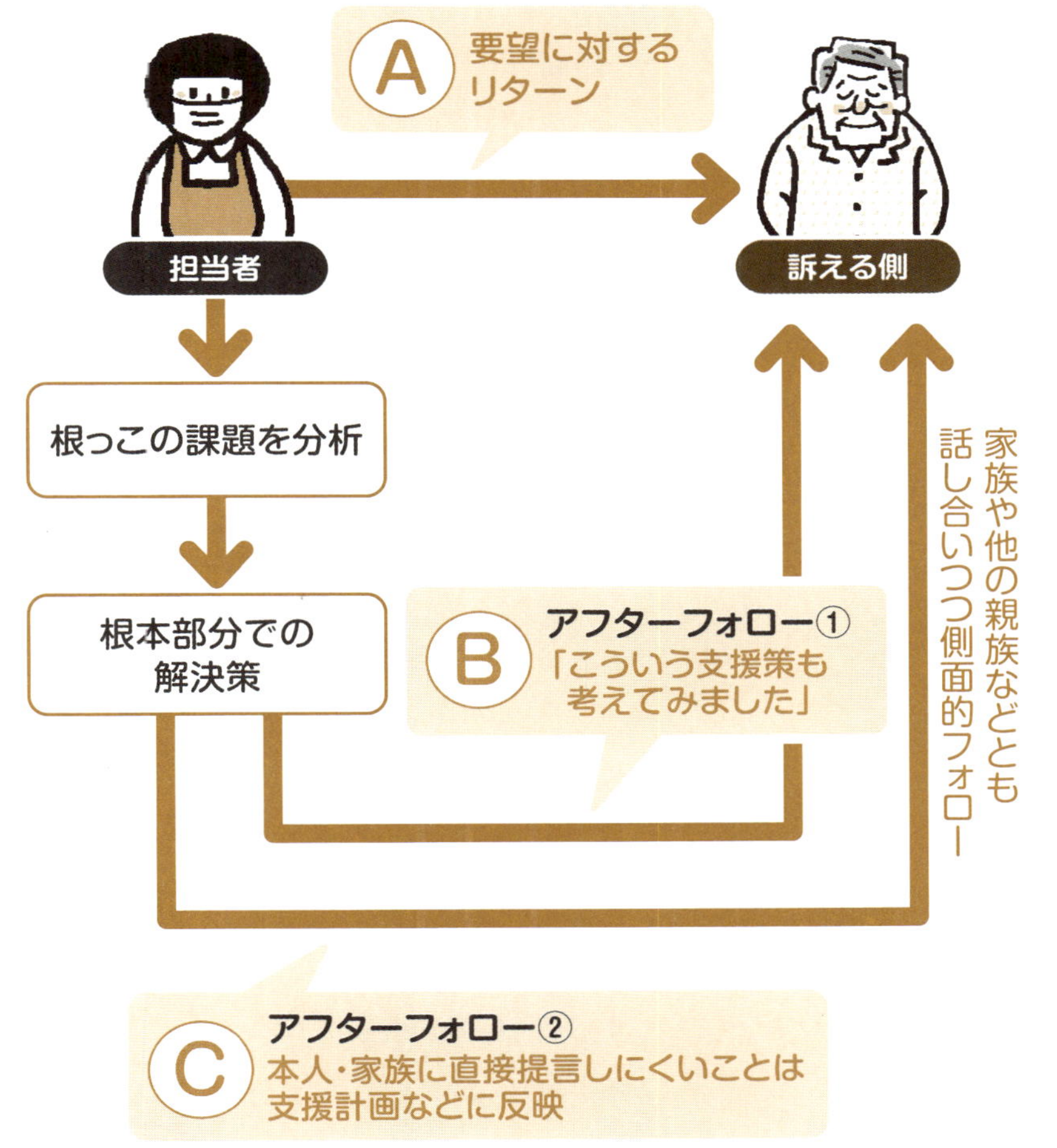
A 要望に対する
リターン
担当者
訴える側
根っこの課題を分析
根本部分での
解決策
B アフターフォロー①
「こういう支援策も
考えてみました」
家族や他の親族などとも
話し合いつつ側面的フォロー
C アフターフォロー②
本人・家族に直接提言しにくいことは
支援計画などに反映

POINT

- 訴えへのリターンと同時に根本解決へのフォローも
- 必要なアフターフォローは介護計画などで開示する

Chapter5

72

極端な威圧的言動や恐喝などに発展するケース

カスタマーハラスメントへの対応はどのように図るべきか？

近年、業界を超えた課題として浮上しているのが「カスタマーハラスメント（以下、カスハラ）」です。カスハラの明確な定義は難しいものの、厚労省は企業へのヒアリング調査の結果、以下のようなものをカスハラと考えるとしました。

それは、「顧客等からのクレーム・言動のうち、要求の内容の妥当性に照らして、それを実現するための手段・態様が社会通念上不相当なものであって、その手段・態様により労働者の就業環境が害されるもの」としています。

注目されるのは、顧客等の要求の内容が著しく妥当性を欠く場合には、それだけで「社会通念上不相当」とされることがあると厚労省は述べていることです。たとえば、要求の内容が「事業所・施設の提供するサービスの内容とは関係がない」といったケースが該当するとしています。

厚労省は「カスハラ対策マニュアル」も

もっとも、介護サービス、中でも施設系や居住系など「利用者の生活がその中で営まれている」という場合、利用者にとっては要求内容が大きく広がることもあります。事業所・施設としては、そうした内容を単に「サービスと関係ない」と断じてしまうのではなく、そこにある訴えの内容から課題分析を行うなどの姿勢が必要でしょう。

ただし、利用者等の訴えを直接受ける職員に過度に負担がかかることは避けなければなりません。厚労省は「カスタマーハラスメント対策企業マニュアル」を２０２２年に示しているので、事故防止委員会等で内容を精査してみましょう。

厚労省が示すカスハラ対策の基本的な枠組み

組織のトップがカスハラ対策への基本方針を定め
従事者の対応のあり方を周知・徹底する

↓

従業員（被害者）のための
相談対応体制の整備
（相談窓口を設置し、
広く周知する）

↓

カスハラへの対応方法を
定め、その具体的な
対応についての
従事者教育をほどこす

↓

たとえば、相談窓口を通じて
事故防止委員会等で
カスハラ事例を蓄積して、
対応法を構築

（委員会には外部の
法律家などを
メンバーに
招くことも）

↓

実際にカスハラが発生した場合には、従事者等から情報を収集したうえで事実を確認。悪質と判断されたケースは、法人内の法務部門や外部の法律関係者と協議する機会などを設けることも必要

POINT

- 「カスハラ」とは何かを確認し、従事者に周知
- 厚労省の対策ガイドラインに沿った組織対応を

Column

被害者側との示談交渉はどうなるのか?

介護事故が発生し、施設・事業者側の損害賠償責任が明らかである場合、多くは被害者・その家族との間で示談交渉を行います(損害賠償責任保険を扱っている保険会社は、示談交渉は行わないケースもあるので注意しましょう)。

その際には、まず被害者側に対して誠意を見せることが大切です。ここでいう誠意とは、「謝罪する」というだけでなく、介護事故にかかわる記録などをきちんと開示することも含まれています。特に、当事者側が弁護士などを立ててきた場合は、記録などの証拠類がしっかり保全されているかどうかが、その後の交渉をこじらせないポイントです。

仮に、記録を改ざんしたり、開示要求に応じないという姿勢を見せると、「真実を知りたい」という当事者側の動機が大きくなって訴訟にいたりやすくなります。相手側が弁護士を立ててきた場合は、こちら側も弁護士などの法律のプロに交渉を依頼することで、「プロ同士の交渉」とした方が話がまとまりやすいかもしれません。依頼する弁護士には、「どのような記録・書類が必要か」を確認し、確実に開示できる体制を整えておきます。

示談交渉でも解決しない場合はどうするか?

示談交渉はおおむね2～3ヶ月かかります。仮にその交渉を通じて、責任の範囲などで見解の相違が生じた場合、示談での解決が難しくなることもあります。その場合でも、いきなり訴訟という道筋をたどるのではなく、調停(裁判所で調停委員が解決をあっせんする)という手段がとられることもあります。

また、裁判所以外の法務大臣認証機関によって紛争解決を行うADR(裁判外紛争解決手続)という仕組みもあります。国民生活センターの紛争解決委員会などがこのADRを手がけています。

巻末資料

介護施設・事業者向けの「損害賠償保険」

介護職による「たんの吸引」等（医行為の一部解禁）の仕組み

介護現場で注意したい感染症

食中毒の種類と対策

一次救命処置の基本的な流れ

安全対策体制加算について

安全管理体制未実施減算の算定状況 2022年度調査

安全対策体制加算の算定状況 2022年度調査

介護保険施設等における事故の報告様式等について

介護事故・トラブルで「損害賠償責任」が発生したときのための保険

資料 01 介護施設・事業者向けの「損害賠償保険」

介護現場で事故・トラブルが発生した場合、利用者側から何らかの損害賠償の請求が行われるケースがあります。特に利用者が死亡したり、重度の障害が残った場合には、賠償額がきわめて大きくなることも考えられます。そうした場合に備えて、介護施設・事業者は損害賠償を補償する保険に加入することが必要です。具体的にどのようなものがあるのか、どんなケースで保険が適用されるのか。以下に概要をまとめてみました。詳しくはそれぞれの保険の約款などでよくご確認ください。

Ⅰ．どんな事故・トラブルで適用されるのか？

❶ 施設そのものが原因となった対人・対物の事故・トラブル

例
・施設内の手すりが壊れていたため、利用者が転倒してケガをした
・施設の装飾品が落ちてきて、利用者の頭に当たってケガをした
・施設のテーブルの角に利用者が腰をぶつけて骨折した　など

❷ 施設・事業者の行ったサービスによって生じた対人事故・トラブル

例
・おむつ交換を行っているときに、うっかり利用者の脚をひねり骨折
・食事提供を行っていたところ、利用者が誤嚥事故を起こし入院
・シャワー介助で、湯温調節を間違えやけどを負わせた　など

❸ 施設・事業者がサービスを行った際に利用者の財物を損壊・紛失したケース
(※有価証券など保険によっては対象にならないものもあるので注意)

例
・ヘルパーが利用者宅で掃除機をかけている際、装飾品を壊した
・施設で利用者の金品を預かっていたが、紛失してしまった
・利用者の入れ歯を預り、洗っている最中に落として壊してしまった　など

❹ 施設・事業者が行うサービスの過程で利用者の人格やプライバシーが侵害された

例
・利用者のケアプランが管理ミスで第三者の目にふれたことによるプライバシー侵害
・利用者・家族の許諾をえず、法令上で認められていない身体拘束が行われたことによる人格権の侵害
・職員の利用者に対する暴言などで心理的なダメージを被った　など

❺ 施設・事業者のケアマネジメントや申請代行などによって不利益が生じたケース

例
・ケアプラン作成ミスでサービス利用料が給付限度額を超え、利用者の意に沿わずに高額な自己負担を発生させてしまった
・介護保険にかかわる（ケアマネジャー等による）申請代行がきちんと行われなかったことで、不利益を被ったとの訴え
・特定入所者（所得が一定以下の人）の把握が不十分だったことにより、補足給付が行われなかった　など

❻ その他（※保険によっては範囲が異なるケースもあるので注意）

例
・事故が発生したときの初期対応（応急手当、病院搬送）に際して生じた費用
・見舞い品購入費用や見舞金
・訴訟対応にかかる費用　など

Ⅱ．保険が適用されないことがあるケースのうち、特に注意したいもの
（※保険によって範囲が異なることがあるため、各約款を参照）

❶ 医療行為、もしくは医師、歯科医師、看護師、保健師でなければ身体に危険が生じるおそれのある行為。ただし、法令により上記以外の者が行うことが許されている行為やケースを除く

❷ あん摩マッサージ指圧師、はり・きゅう師、または柔道整復師以外の者が行うことを法令で禁じている行為

❸ 施設・事業者側が故意または重大な過失によって行った業務の結果

❹ 施設・事業者、もしくは職員が利用者の財産を盗んだり詐取した場合

❺ デイサービスでの車両送迎によって生じた事故（別途特約扱いになるケースあり）

Ⅲ．補償内容と支払限度額、および保険料の例

❶ 某都道府県社会福祉協議会の「介護事業者総合保険」の場合

【施設賠償責任保険（管理財物担保特約条項付帯）、生産物賠償責任保険、居宅介護事業者賠償責任保険】

補償内容			支払限度額		
			Ⅰタイプ	Ⅱタイプ	Ⅲタイプ
賠償責任	対人・対物共通	施設・生産物：1事故・保険期間 居宅介護：1請求・保険期間	1.5億円	5億円	10億円
	訪問看護業務における対人・対物賠償	1事故	1,000万円	3,000万円	1億円
	人格権侵害	1名・1請求（1事故）・保険期間中	300万円		
	管理財物	1請求（1事故）	100万円		
	うち現金	1請求（1事故）	10万円		
	経済的事故	1名・1請求・保険期間中	100万円		
	徘徊による事故	1請求・保険期間中	500万円		
初期対応費用※	初期対応費用	1事故・保険期間中	500万円		
	うち見舞金・見舞い品購入費用	1事故において1名につき	10万円		

※社会通念上妥当な金額とする
※他に「サービス利用者捜索費用」「特定感染症対応費用」あり

● 保険料：1施設あたり年間61,370円～274,090円
（サービスによっては従事者の年間総活動時間で計算する場合あり。
例：訪問介護Ⅲタイプなら9円（1時間あたり）×総活動時間）

❷ 介護労働安定センターの「ケア・ワーカー賠償責任補償」のひとつ（以下の他に、訴訟対応費用あり<支払限度額　1事故1000万円>）

対人事故

支払限度額

1事故	**1億円**
保険期間中	**1億円**

免責金額（自己負担額）はありません

対物事故

支払限度額

1事故	**1,000万円**
保険期間中	**1,000万円**

免責金額（自己負担額）はありません

管理下財物事故

支払限度額

1請求	**1,000万円**
（うち現金）	**10万円**（1請求）

免責金額（自己負担額）はありません

初期対応費用

事故現場の保存費用を支払った場合等

支払限度額

1事故	**500万円**
（うち見舞金・見舞い品購入費用）	
1名	**10万円を限度**

免責金額（自己負担額）はありません

人格権侵害

要介護者から名誉毀損によって訴えられた場合等

支払限度額

1請求	**300万円**
保険期間中	**300万円**

免責金額（自己負担額）はありません

行方不明時使用阻害事故

認知症の利用者等が行方不明となり、線路等の立ち入りで鉄道会社に列車遅延等の損害が生じた場合

支払限度額

1事故	**1,000万円**
保険期間中	**1,000万円**

● 保険料：ケアワーカー1名あたり年間3,000円（中途加入は月額250円）

❸ 民間の損保会社における例

（施設所有管理者特約、生産物特約、受託者特約、居宅サービス事業者・居宅介護支援事業者追加条項付賠償責任保険　保健期間1年）

保障内容			お支払限度額				自己負担額（1事故）
			Aコース	Bコース	Cコース	Dコース	
賠償責任	身体・財物共通	1事故・期間中	3,000万円	5,000万円	1億円	2億円	5,000円
	管理財物（うち現金等）	1事故・期間中	50万円	100万円	150万円	200万円	5,000円
		1事故・期間中	5万円	10万円	15万円	20万円	5,000円
	人格権侵害	1名・1事故・期間中	500万円				縮小てん補90%
	経済的損失（居宅介護支援等）	1事故・期間中	1,000万円				5,000円
訴訟対応・初期対応		1事故・期間中	1,000万円				なし
見舞金・見舞品		1名1万円・期間中50万円					なし

● 売上高1万円あたりの保険料（年間売上高2億円以下の場合）　6.2〜14円

※相談支援事業の場合　相談支援専門員3名まで　3,500〜5,100円
※住宅改修　年間売上高1万円あたり　10〜23円

どのような研修を受け、どのような体制で行うのか？

資料02 介護職による「たんの吸引」等（医行為の一部解禁）の仕組み

平成24年4月より、「社会福祉士および介護福祉士法」の一部改正によって、介護福祉士および一定の研修を受けた介護職などの「たんの吸引」等が可能になりました。ただし、これを行うにはさまざまな条件をクリアすることが必要です。どうすれば「できる」ようになるのか、研修の仕組みや医師・看護師との連携のあり方をまとめてみました。

1.対象となる具体的な行為について

今回の制度で対象となる範囲

・**たんの吸引**
（口腔内・鼻腔内・気管カニューレ内部）

・**経管栄養**
（胃ろうまたは腸ろう・経鼻経管栄養）

※実際に介護職員等が実施するのは研修の内容に応じた上記行為の一部、もしくはすべて

2.誰が「行える」ようになったのか

今回の制度で対象となる人
（ただし医師の指示・看護師との連携が必要）

①

介護福祉士（※1）

②

介護職員等（※2）

※1 介護福祉士については、平成29年1月以降の国家試験合格者が対象。それ以前の合格者は※2を参照

※2 介護職員等とは、ホームヘルパー等の介護職員、上記以外の介護福祉士、特別支援学校職員等を指し、かつ一定の研修を受けた者のみ実施が可能になる。

●右記の人が「行える」ようになるための流れ

①必要な研修を受けて修了することが必要

例：「たんの吸引」という医行為を行うには……

❶介護福祉士 → 養成課程

❷介護職員等 → 一定の研修（『喀痰吸引等研修』）

上記の研修で知識や技能を修得したうえで、はじめて可能に

↓

［研修を行っている機関・養成施設］

喀痰吸引等研修
- 各都道府県
- 登録研修機関

介護福祉士養成施設
- 養成施設
- 福祉高校等

※介護福祉士は養成課程の中でこの医行為について学ぶ

［喀痰吸引等研修の課程］

この研修には3つの課程が設けられ、いずれも医師や看護師が講師となり行われる。

1 今回の対象となった医行為をすべてを行う場合の研修（第1号研修）

基本研修（講義50H／各行為のシミュレーター演習）＋実地研修

2 対象となった医行為のうち、任意の行為を行う場合の研修（第2号研修）
（※講義と演習はすべて行うが、実地研修の一部が除外される）

基本研修（講義50H／各行為のシミュレーター演習）＋実地研修（任意の行為に関するもの）

3 特定の方（ALSなどの重度障害者等）に対して行うための、実地研修を重視した場合の研修（第3号研修）

基本研修（講義および演習9H（※））＋実地研修（特定の者に対する必要な行為のみ）

（※）重度訪問介護従事者養成研修とあわせて行う場合には20.5時間

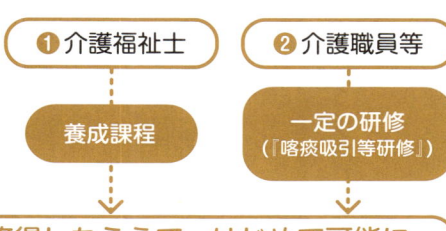

②研修修了後の「手続き」について

現在、介護職員として事業者や施設に就業している場合

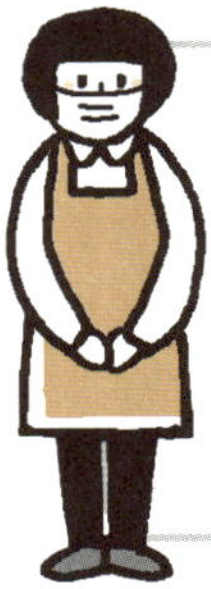

1. 登録研修期間で「喀痰吸引等研修」を受講する。修了後「修了証明書証」が交付される

証明書証

2. 都道府県に「修了証明書証」を添付し『認定証』の申請を行う

3. 研修修了の旨等を確認した後『認定証』が交付される

認定証

認定特定行為業務従事者認定証

たんの吸引等を行うための証明書・実施できる行為が記載されている

4. 医師の指示のもと、看護師等と連携してたんの吸引等の提供を行うことができるようになる

平成24年4月1日段階で一定の要件のもとでたんの吸引等の提供を行っていた場合

1. 都道府県に知識・技能を得ている旨の証明手続きを行う

2. 都道府県で確認した後、『認定証』が交付される

認定特定行為業務従事者認定証

認定証

3. 認定された行為につき、医師の指示のもと、看護師等と連携して引き続き行うことができるようになる

養成施設で「介護福祉士」を目指している場合

1. 養成施設に入学し、養成課程の中で学習する

2. 卒業後、「介護福祉士」の国家試験を受験し、合格後に「介護福祉士」としての登録を行う。ここで「介護福祉士登録証」が交付される

登録証

3. 事業者に就業したのち「実地研修※」を受講する。修了後「修了証明書証」が交付される

証明書証

4. 実地研修修了後「介護福祉士登録証」の変更を行ったうえ、医師の指示のもと看護師等と連携してたんの吸引等の提供を行うことができるようになる

※登録事業者における「実地研修」。介護福祉士については養成課程において「実地研修」を修了していない場合、事業者において必要な行為ごとに「実地研修」を行うことが義務づけられている（平成29年度以降）

③登録事業者に所属する

・個人であっても、法人であっても、たんの吸引等について業務として行うには登録事業者※であることが必要

※登録喀痰吸引等事業者（従業者に介護福祉士がいる事業者、下記と併せて申請）
　登録特定行為事業者（従事者が介護職員等のみの事業者）

・登録事業者となるには都道府県知事に、事業所ごとに一定の登録要件（登録基準）を満たしている旨、登録申請を行うことが必要

登録基準（登録事業者の要件）

●医療関係者との連携に関する事項
（実際のたんの吸引等の提供場面に関する要件）

○たんの吸引等の提供について、文書による医師の指示を受けること
○介護職員と看護職員との間での連携体制の確保・適切な役割分担
　（対象者の心身の状況に関する情報の共有を行うなど）
○緊急時の連携体制の整備
○個々の対象者の状態に応じた、たんの吸引等の内容を記載した「計画書」の作成
○たんの吸引等の実施状況を記載した「報告書」の作成と医師への提出
○これらの業務の手順を記載した「業務方法書」の作成

……など

●安全確保措置など
（たんの吸引等を安全に行うための体制整備に関する要件）

○医療関係者を含む委員会設置や研修実施等安全確保のための体制の構築
○必要な備品等の確保、衛生管理等の感染症予防の措置
○たんの吸引等の「計画書」の内容についての対象者本人や家族への説明と同意
○業務上知り得た秘密の保持

……など

●介護福祉士の「実地研修」
※「登録喀痰吸引等事業者」においての登録基準

○養成課程において「実地研修」未実施の介護福祉士に対する
「実地研修」の実施要件
・登録研修機関において行われる「実地研修」と同様以上の内容で実施
・修得程度の審査を行うこと
・「実地研修修了証」の交付を行うこと
・実施状況について、定期的に都道府県に報告を行うこと　……など

（出典：厚生労働省、各自治体の福祉保健局のホームページをもとに作成。
　詳しくはホームページを参照してください）

どんな点に気をつければいいか、感染の経路は?

資料03 介護現場で注意したい感染症

介護現場はさまざまな感染症のリスクにさらされています。中には集団感染につながったり、免疫力や体力の低下している要介護者にとっては、重症化したり命にかかわるケースもあります。介護職員として、どのような感染症に気をつけるべきかを整理してみます。

1.新型コロナ(COVID-19)

特徴	新型コロナウイルスに感染することによって発症する。潜伏期間は1～14日で、発症者のみならず、発症前や無症状の病原体保有者でも、他人に感染させる可能性がある。主な症状としては、発熱や呼吸器症状、全身倦怠感等が約1週間持続するなど。高齢者や基礎疾患(糖尿病、高血圧、心血管疾患、慢性閉塞性肺疾患、慢性腎疾患など)を有する者は重症化する可能性が高く、重篤な肺炎や呼吸器疾患を発症して命にかかわることもある。一般的にウイルスは増殖や感染を繰り返す中で徐々に変異することが知られており、新型コロナウイルスも2020年からの感染拡大を経て、少しずつ変異している。2024年9月時点での主な流行は、「オミクロン株」の「KP.3」。
感染経路	主な感染経路は3つ。①空中に浮遊するウイルスを含むエアロゾルを吸い込むことによるもの(エアロゾル感染)。②咳やくしゃみにより、ウイルスを含むしぶきを吸い込むことで感染するもの(飛沫感染)。③ウイルスを含む飛沫を直接触ったか、ウイルスが付着したものの表面を触った手指で露出した粘膜を触ることによるもの(接触感染)がある。
予防	十分な「換気」のほか、「こまめな手洗い･手指消毒」、「身体的距離の確保」、「手で顔をふれないこと」などの基本的な感染対策が有効。重症化しやすい人がいる病院や高齢者施設を訪問する時は、「不織布マスク(繊維や糸などで織ったものではなく、熱や化学的な作用で接着させたマスク)」の着用が効果的である。

2.インフルエンザ

特徴	インフルエンザウイルスに感染することによって発症する。1〜3日の潜伏期間を経て、咳、たん、38度以上の高熱や悪寒、頭痛、筋肉痛などが現れる。おう吐や下痢などの消化器症状が見られる場合もある。普通の風邪よりも症状が重く、体力が衰えている人の場合、気管支炎や肺炎を併発しやすい。脳炎や心不全を引き起こすこともある。毎年11月から4月に流行することが多い
感染経路	飛沫感染（咳やくしゃみによるしぶきを吸い込むことで感染）
予防	・外出時や発症している利用者と接する際に、不織布マスク（繊維や糸などで織ったものではなく、熱や化学的な作用で接着させたマスク）を着用 ・うがいや手洗いなどのスタンダードプリコーションの徹底。流行前のワクチン接種なども検討。日頃から十分な休養とバランスのとれた栄養摂取を心がける

3.RSウイルス感染症

特徴	RSウイルスによる呼吸器の感染症。RSウイルスは日本を含め世界中に分布している。一般的には6〜8日間の潜伏期間を経て発症し、健康な成人であれば多くは軽い風邪のような症状で済む。ただし、重症化すると咳がひどくなったり、喘鳴が出て、ときには呼吸困難におちいることも。細気管支炎や肺炎へと進展することもある
感染経路	・飛沫感染（咳やくしゃみによるしぶきを吸い込むことで感染） ・ウイルスがついている手指や物品を触ったりなめたりすることによる間接的な接触感染
予防	・外出時や発症している利用者と接する際に、不織布マスク（繊維や糸などで織ったものではなく、熱や化学的な作用で接着させたマスク）を着用 ・うがいや手洗いなどのスタンダードプリコーションの徹底 ・感染者が日常的にふれる手すりなどをアルコールや塩素系の消毒剤で消毒する

4.ノロウイルスによる感染性胃腸炎

特徴

ウイルスが手指や食品などを介して経口で感染する。感染すると人の腸管で増殖し、おう吐、下痢、腹痛などを引き起こす。健康な人は軽症で回復するが、高齢者の場合は重症化したり、吐しゃ物をあやまって気道につまらせて、最悪の場合は死亡することも。ノロウイルスについてはワクチンがなく、治療は輸液などの対症療法に限られる。毎年冬に流行

感染経路

・汚染されていた二枚貝を、生あるいは十分に加熱調理しないで食した場合
・汚染された井戸水や簡易水道を消毒不十分で摂取した場合
・患者のノロウイルスが大量に含まれる便や吐しゃ物から、人の手などを介しての二次感染
・上記の処理が適切に行われなかったことにより、残存したウイルスを含む粒子が掃除などの際に舞い上がり、それを吸い込んでしまうケース
・飛沫感染（おう吐物などのしぶきを吸い込むことで感染）

予防

・加熱が必要な食品は中心部までしっかり加熱する。特に二枚貝の場合は、中心部が85～90℃で90秒以上の加熱が必要
・まな板、包丁、布巾なども85℃以上の熱湯で1分以上加熱する
・利用者の食事を調理・提供する前、食事の前、トイレに行ったり排泄介助（おむつ交換含む）をした後には必ず手洗いなど、スタンダードプリコーションを徹底する（ノロウイルスの滅菌には、エタノールや逆性石けんはあまり効果がないが、石けんによる手洗いは、手指の脂肪の汚れを落とすことで、ウイルスを手指からはがす効果はある）
・調理器具は洗浄後に次亜塩素酸ナトリウムで拭き取る
・床などに飛び散った便や吐しゃ物を処理するときには、使い捨てのエプロンやマスク、手袋を着用し、汚物中のウイルスが飛び散らないように、ペーパータオルなどで静かに拭き取る。その後は、次亜塩素酸ナトリウムで拭き取り、最後に水ぶきをする

5.メシチリン耐性黄色ブドウ球菌（MRSA）感染症

特徴

MRSAは、人や動物の皮膚や消化管内などにある菌で、健康な成人はもちろん、高齢者であっても普通の生活を営める人であれば発症するケースは少ない。ただし、要介護など体力が落ちていたり、手術後の患者などの場合、さまざまな病気の悪化を招くなどのリスクが生じる。重症化すると、敗血症、髄膜炎、心内膜炎などにおちいることもある

感染経路	接触感染（手指・食品・医療器具などを介して感染する）。ただし、健康な人の多くがもっている菌であり、手術後の重い患者などがいる病院以外では、あまり神経質になる必要はない（病院では無菌室の確保などの体制が徹底されている）
予防	・手洗いやうがいなどのスタンダードプリコーションを徹底する。特別な消毒液などはいらない ・利用者の血液や体液、痰などにふれるときには、使い捨て手袋を着用する。それ以外は、業務で着用する衣類をこまめに洗濯することなど

6.結核

特徴	結核菌によって発症する感染症。肺に巣くうことが多く、初期では風邪に似た症状を示すが、病状が進むと血痰が出たり喀血したりする。さらに悪化すると呼吸困難で死亡することも。また、肺以外でも発症することがあり、人体のさまざまな臓器が炎症を起こす。現在でも、国内で2万人以上が発症している。高齢者施設で集団感染が生じたケースも
感染経路	空気感染。非常に細かい飛沫粒子（咳やくしゃみなどで出るしぶき）がそのまま空中に浮遊し、それを吸い込むことで感染する
予防	定期的に健康診断を受け、2週間以上咳がつづく場合はすぐに病院で受診する。また、日常生活では栄養バランスがいい食事をとり、十分な睡眠と適度な運動（結核菌は紫外線に弱いので、日光の下で行う運動が望ましい）を心がける

7.疥癬

特徴	ヒゼンダニというダニの一種が人の皮膚に寄生することで発症する。通常疥癬のほか、感染力の強い角化型疥癬（ノルウェー疥癬）がある。通常疥癬の場合、感染すると手のひらや指にダニが入り込むことによって生じる疥癬トンネルや激しいかゆみを伴う赤いブツブツができる。角化型疥癬では、何百万単位のヒゼンダニが集積することで生じ、身体のさまざまな部分が角質化して、そのはがれたものから感染が広がることもある

感染経路	・通常疥癬の場合は、感染者と長時間手をつないだりすることで感染する接触感染（短時間ならばほとんど感染しない）。潜伏期間は約1～2ヶ月 ・角化型疥癬（ノルウェー疥癬）の場合は、短時間の接触の他、衣類や寝具を通じた間接的な接触でも感染する。潜伏期間は4～5日
予防	何よりも患者の早期発見が大切なので、かゆみを訴えたり、皮膚に異常が確認されたときにはすぐに皮膚科の受診につなげる。感染している利用者の洗濯は普通にすれば十分だが、洗濯物はひとつにまとめ、運ぶときにはビニール袋に入れて間接的な接触をさける。畳やじゅうたんに念入りに掃除機をかける

8.B・C型肝炎

特徴	主に血液を介して感染するウイルス性肝炎。感染すると慢性の肝臓病を引き起こす原因となる。肝臓の中にウイルスが住み着いている（持続的に感染している）状態をキャリアというが、B型の場合、乳幼児期の感染以外ではキャリア化の確率は低く、約10～20%と推計されている。これに対し、C型の場合はキャリア化する率は高く、放置すると慢性肝炎から肝硬変、肝がんに進行することもある
感染経路	主に感染している人の血液が体内に入ることによって感染する
予防	ごく常識的な注意事項を守っていれば（120ページ参照）、日常生活において周囲の人への感染はほとんどない

（出典：厚生労働省ホームページや感染症情報センター（国立感染症研究所など）のホームページをもとに作成。詳しくは各ホームページを参照してください）

食中毒の原因食品の取り扱いに要注意

資料04 食中毒の種類と対策

先述の感染症に加え、食事を提供する施設においては食中毒に対しても十分な注意が必要です。高齢者は抵抗力が弱いので、新鮮であっても生肉は避け、十分な加熱処理を行いましょう。

1.カンピロバクター食中毒

特徴	・わが国で発生する食中毒で、発生件数が最も多い。年間の患者2,000人程度 ・感染すると、下痢、腹痛、発熱、悪心、嘔気、おう吐、頭痛、悪寒、倦怠感などの症状がみられる ・多くの患者は1週間で治癒し、通常、死亡例や重篤例はまれだが、若齢者・高齢者、その他抵抗力の弱い者は重症化する可能性もある ・感染した数週間後に、手足の麻痺や顔面神経麻痺、呼吸困難などを起こす「ギラン・バレー症候群」を発症する場合がある
過去の原因食品	・鶏肉関連調理食品及びその調理過程中の加熱不足や取扱い不備による二次汚染 ・平成27年に国内で発生したカンピロバクター食中毒のうち、原因食品として鶏肉（鶏レバーやささみなどの刺身、鶏肉のタタキ、鶏わさなどの半生製品、過熱不足の調理品など）が92件認められている。牛レバーについては、平成24年に生食用の販売を禁止したところ、平成25～27年は1件のみ
対策	・加熱調理によりカンピロバクターを死滅させる →食肉は十分に加熱調理（中心部を75℃以上で1分間以上加熱）を行う ・カンピロバクターに汚染されている可能性のある食品からの二次汚染を防止する →食肉は他の食品と調理器具や容器を分けて処理や保存を行う →食肉を取り扱った後は手を洗ってから他の食品を取り扱う →食肉に触れた調理器具等は使用後洗浄・殺菌を行う

2.腸管出血性大腸菌O157による食中毒

特徴	・激しい腹痛、水様性の下痢、血便などの症状が見られる ・特に高齢者では、溶血性尿毒症や脳症（けいれんや意識障害など）を引き起こしやすい

過去の原因食品	井戸水、牛肉、牛レバー刺し、ハンバーグ、牛角切りステーキ、牛タタキ、ローストビーフ、シカ肉、サラダ、貝割れ大根、キャベツ、メロン、白菜漬け、日本そば、シーフードソース ・高齢者施設での浅漬を原因とした集団食中毒事件も報告されている
対策	・腸管出血性大腸菌は加熱により死滅する →肉の中心部まで十分に加熱する。75℃で1分間以上の加熱が必要 →野菜は新鮮なものを購入、やはり加熱（100℃の湯で5秒間）が有効 ・腸管出血性大腸菌O157に汚染されている可能性のある食品からの二次汚染を防止する →まな板は、使用の都度、洗浄剤でしっかり洗い、熱湯または次亜塩素酸ナトリウム製剤（台所用漂白剤）で、消毒する →野菜や果実など生食用食品に用いるまな板と、肉や魚などに用いるまな板は使い分ける

3.サルモネラ属菌による食中毒

特徴	・潜伏期は6～72時間。感染すると激しい腹痛、下痢、発熱、おう吐などの症状が見られる ・長期にわたり保菌者となることもある
過去の原因食品	・卵、またはその加工品、食肉（牛レバー刺し、鶏肉）、うなぎ、すっぽん、乾燥イカ菓子などがある
対策	・加熱調理によりサルモネラ属菌を死滅させる →肉・卵は十分に加熱（75℃以上、1分以上）する ・卵の生食は新鮮なものに限る →低温保存は有効だが、過信は禁物

4.黄色ブドウ球菌による食中毒

特徴	・潜伏期は1～5時間。感染すると吐き気、おう吐、腹痛、下痢などの症状が見られる
過去の原因食品	乳・乳製品（牛乳、クリームなど）、卵製品、畜産製品（肉、ハムなど）、穀類とその加工品（握り飯、弁当）、魚肉ねり製品（ちくわ、かまぼこなど）、和洋生菓子など
対策	・手指の洗浄、調理器具の洗浄殺菌 ・手荒れや化膿巣のある人は、食品に直接ふれない　など

（出典：厚生労働省ホームページをもとに作成。詳しくはホームページを参照してください）

傷病者が発生したら

資料05 一次救命処置の基本的な流れ

一次救命処置（basic life support:BLS）とは、心停止や窒息という生命の危機的状況におちいった傷病者を救命するため、呼吸と循環をサポートする一連の処置のことを指します。BLSには胸骨圧迫と人工呼吸による心肺蘇生(cardiopulmonary resuscitation:CPR)と、自動体外式除細動器による心肺蘇生(automated external defibrillator:AED)などが含まれ、心停止患者の社会復帰においては大きな役割を果たします。

ここでは日本赤十字社が行っている講習の内容から、一次救命処置についての具体的な内容を見ていきましょう。そのうえで、実際に講習を受けることをおすすめします。

一次救命処置の流れ

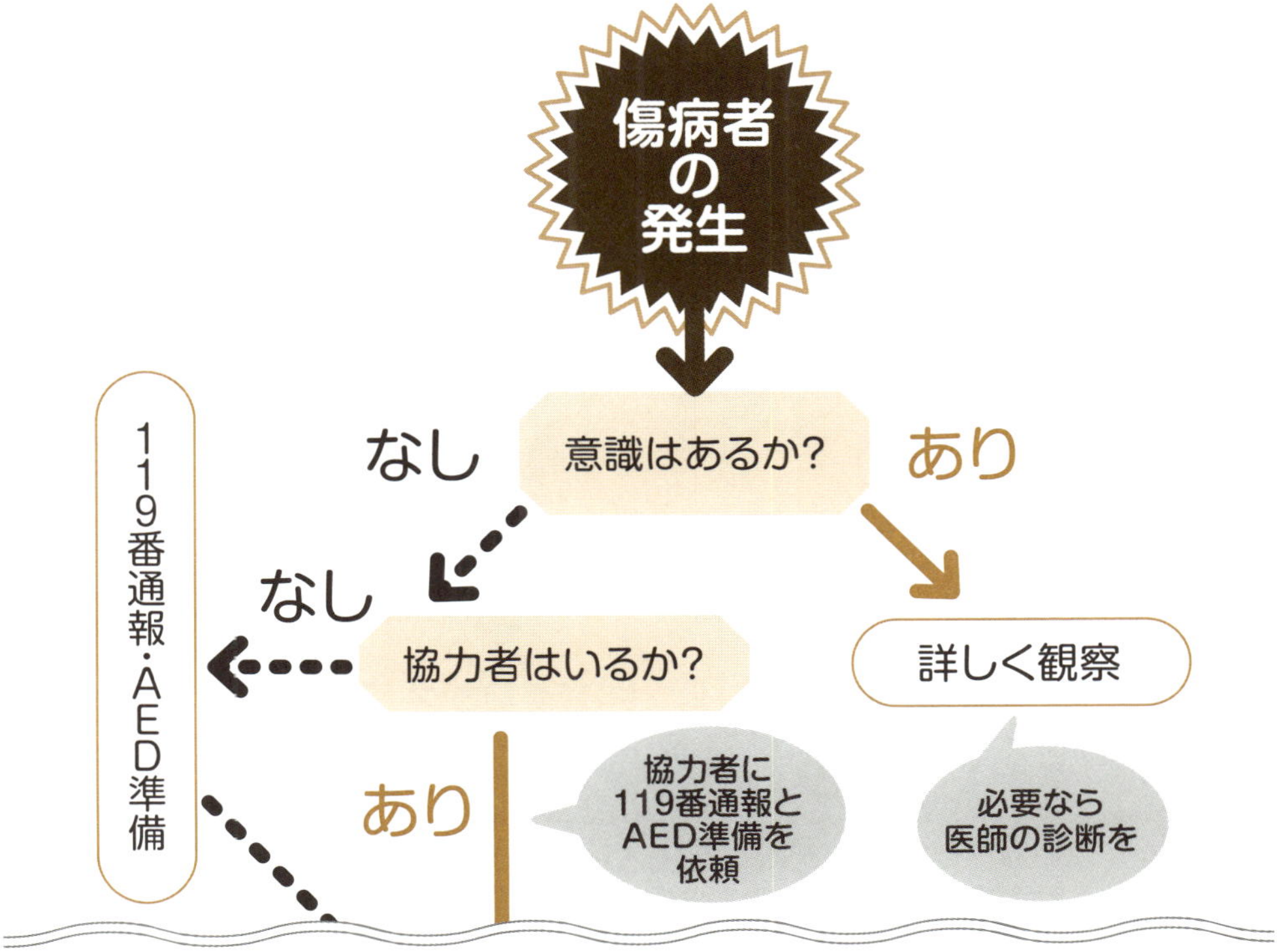

呼吸はあるか?

なし

〈AED到着まで〉

胸骨圧迫30回

▼

気道確保

▼

人工呼吸2回

▼

胸骨圧迫30回と
人工呼吸2回をくりかえす

あり

気道を確保し
回復体位(※)
にして観察を
続ける

※回復体位
(185ページ参照)

AED到着

ショックは必要か?
(心電図解析)

不要

必要

電気ショック1回

胸骨圧迫30回と人工呼吸2回をくりかえす

救急隊に引き継ぐ

(出典:日本赤十字社ホームページをもとに作成。詳しくは当ホームページを参照してください)

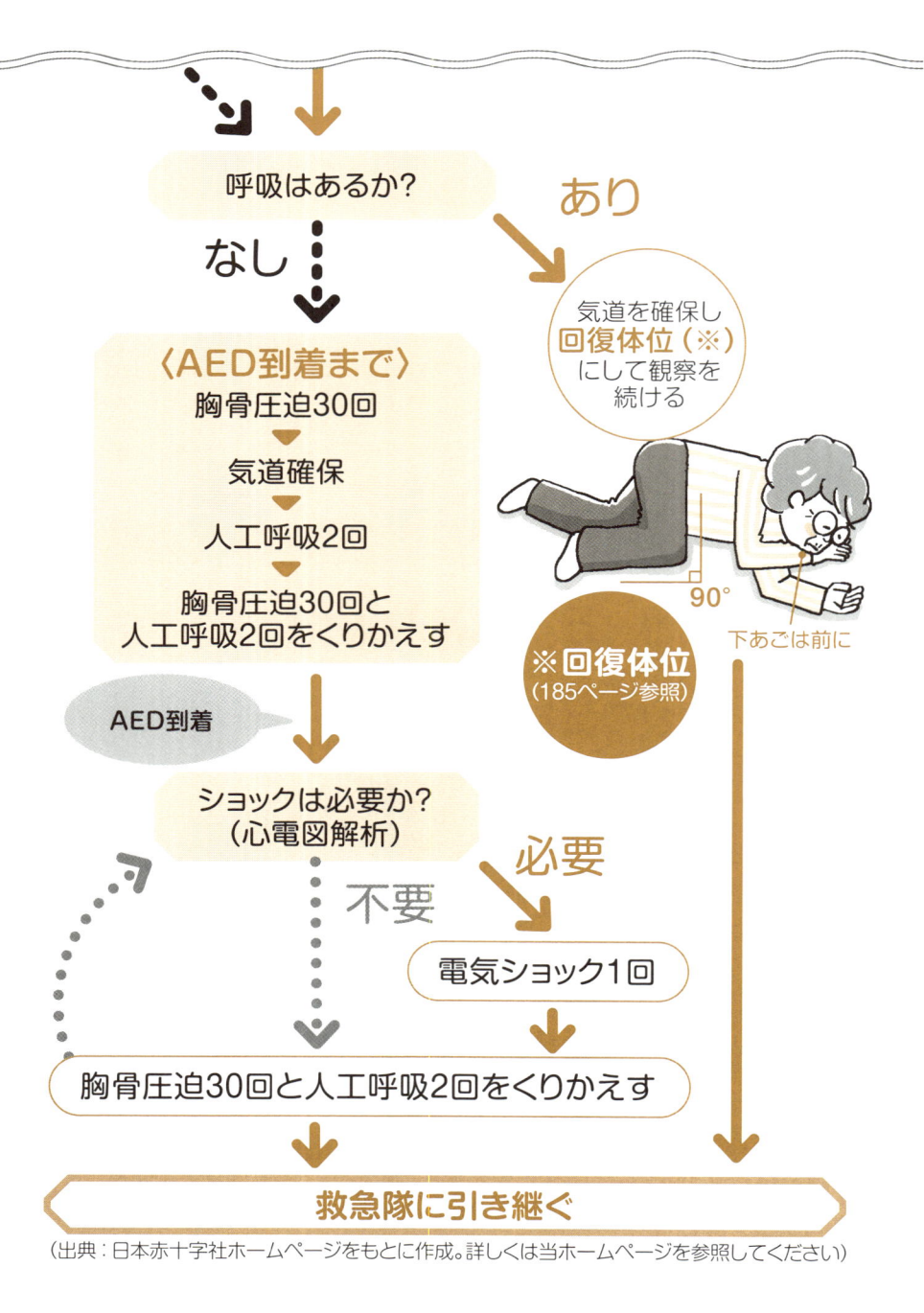

資料06 安全対策体制加算について

2021年度の介護報酬・基準改定では、施設系サービスでの事故発生の防止・再発防止のための措置義務に「担当者の配置」がプラスされました。この新設義務を含め、指針の整備や委員会開催、研修の実施等の措置を行っていない場合、安全管理体制未実施減算（1日5単位）が適用されます。なお、これらの義務化項目について「+α」の対応をとっている場合の加算も設けられました。これを「安全対策体制加算」と言います。

安全対策体制加算　利用者ごとに入所時1回20単位
（新規の入所者のみに1回だけ算定できる）

要件

1. 事故防止・再発防止のための措置義務※1をすべて満たしていること

2. 上記措置義務のうち、新設された「担当者の配置」にかかる「担当者」が、安全対策にかかる外部の研修※2を受けていること

3. 施設内に「安全管理対策部門※3」を設置し、組織的に安全対策を実施する体制が整備されていること

※1　措置義務の具体的内容は以下の通り
①事故が発生した場合の対応、次号に規定する報告の方法等が記載された事故発生の防止のための**指針を整備**すること。
②事故が発生した場合、またはそれに至る危険性がある事態が生じた場合に、**当該事実が報告**され、その分析を通じた改善策を**従業者に周知徹底する**体制を整備すること。
③事故発生の防止のための委員会（テレビ電話装置等を活用して行うことができるもの）、および従業者に対する研修を定期的に行うこと。
④上記①～③の措置を適切に実施するための担当者を置くこと。

※2　「外部の研修」とは、介護現場における事故の内容、発生防止の取組、発生時の対応、施設のマネジメント等の内容を含むものであり、関係団体（全国老人福祉施設協議会、全国老人保健施設協会、日本慢性期医療協会等）等が開催する研修を想定。

※3　「安全管理対策部門」では、事故の防止に係る指示や事故が生じた場合の対応について、適切に従業者全員に行き渡るような体制を整備すること

資料07 安全管理体制未実施減算の算定状況 2022年度調査

安全管理体制未実施減算に該当する事業所は、介護老人福祉施設で1.5%、老人保健施設で2.9%、介護医療院で5.6%であった。

●安全管理体制未実施減算の該当有無

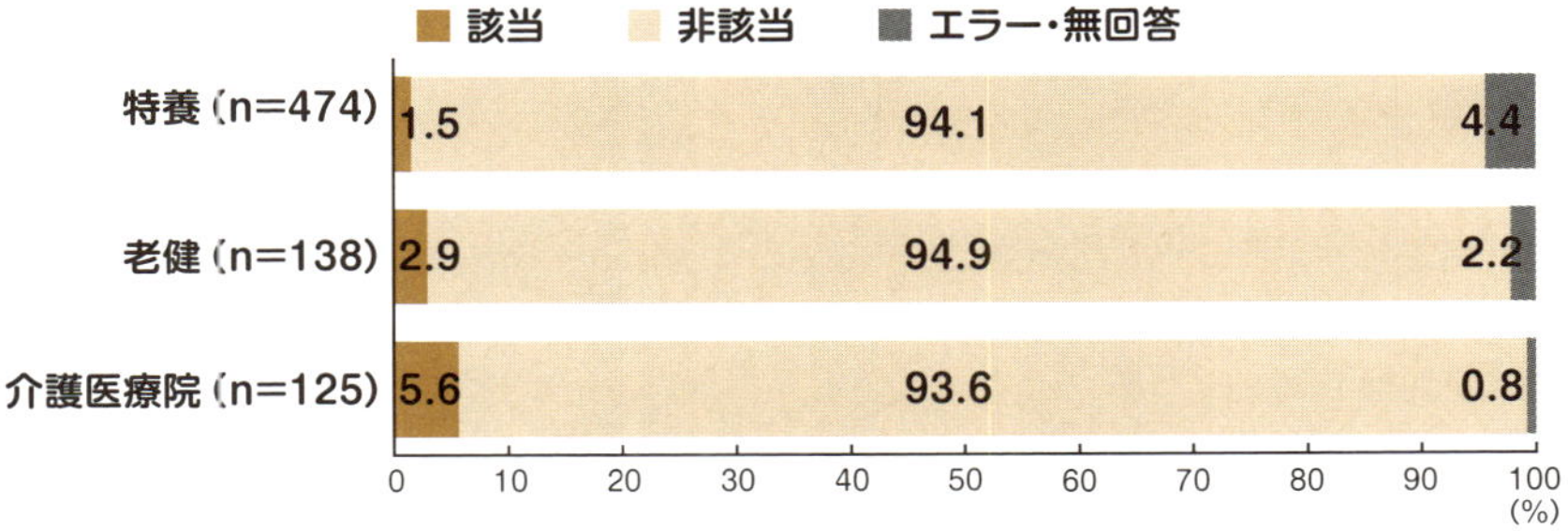

●運営基準のうち満たすことができなかった要件（複数回答）

単位:回答施設数

	特養 (n=7)	老健 (n=4)	介護医療院 (n=7)
介護事故発生防止のための指針の整備	1	0	1
介護事故が発生した場合等における報告を行う体制の整備	1	1	1
介護事故報告の分析を通じた改善策を従業者に周知徹底する体制の整備	1	1	0
介護事故発生防止のための委員会（テレビ電話装置等を使用した場合も含む）の定期的な実施	1	0	0
介護事故発生防止のための研修の定期的な実施	3	0	2
上記1～5の措置を適切に実施するための安全対策担当者の設置	3	3	3

（出典:厚生労働省「高齢者虐待の防止／介護現場における安全性の確保、リスクマネジメント」）

資料08 安全対策体制加算の算定状況 2022年度調査

安全対策体制加算を算定している事業所は、介護老人福祉施設で69.9%、老人保健施設で73.9%、介護医療院で50.2%であった。

●安全対策体制加算の算定有無

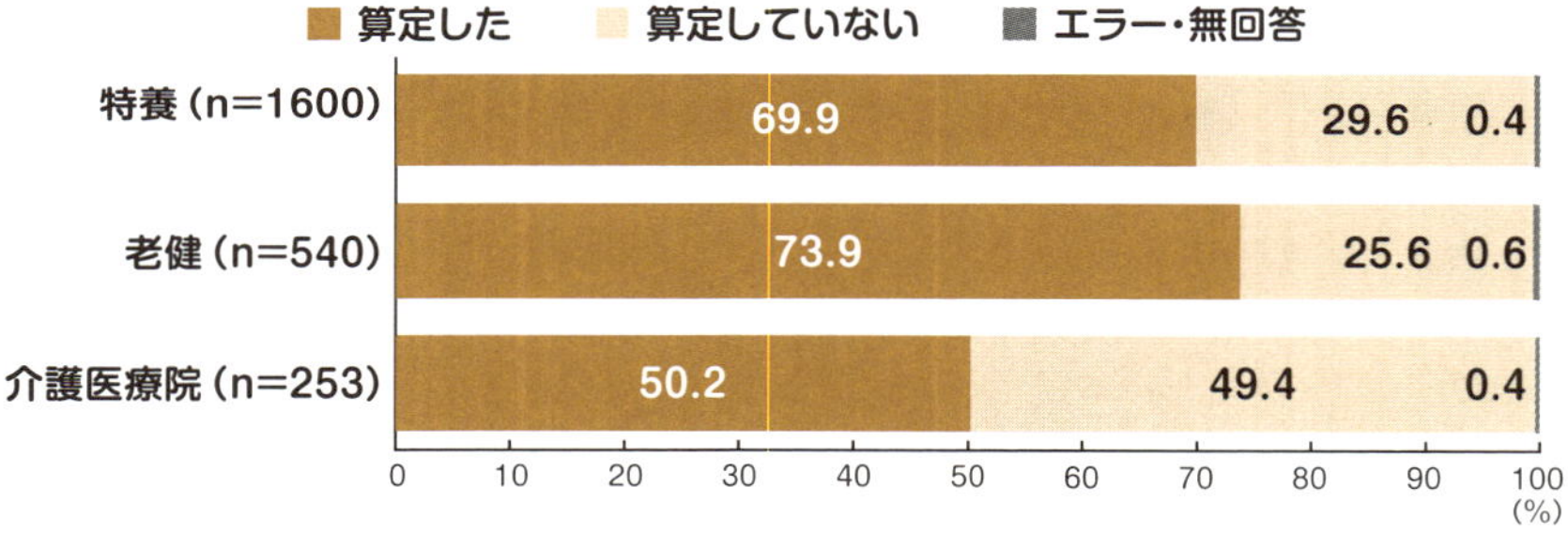

●安全対策体制加算を取得しない理由（複数回答）

※回答数は全体で737、特養で474、老健で138、
介護医療院で125

		施設種別		
	全体	特養	老健	介護医療院
加算の意義や必要性が感じられない	9.2%	12.2%	2.9%	4.8%
外部の研修を受けた担当者を配置できない	32.2%	24.1%	44.9%	48.8%
施設内に安全対策部門を設置できない	6.6%	5.9%	8.0%	8.0%
算定の要件は満たしているが、算定すると利用者の金額負担が増えてしまう	15.9%	17.7%	13.8%	11.2%
人件費等のコストが加算額に見合わない	21.7%	21.7%	18.1%	25.6%
職員の労務負担が増えるため、加算の算定に取り組む余裕がない	35.5%	35.9%	35.5%	34.4%
安全対策体制加算があるのを知らない、又は加算の算定に必要な要件がわからない	6.5%	6.8%	5.8%	6.4%
その他	13.7%	16.0%	8.7%	10.4%
エラー・無回答	6.1%	6.8%	6.5%	3.2%

（出典:厚生労働省「高齢者虐待の防止／介護現場における安全性の確保、リスクマネジメント」）

資料09 介護保険施設等における事故の報告様式等について

1．目的

・介護事故の報告は、事業所から市町村に対してなされるものであるが、報告された介護事故情報を収集・分析・公表し、広く介護保険施設等に対し、安全対策に有用な情報を共有することは、介護事故の発生防止・再発防止及び介護サービスの改善やサービスの質向上に資すると考えられる。

・分析等を行うためには、事故報告の標準化が必要であることから、今般、標準となる報告様式を作成し、周知するもの。

2．報告対象について

・下記の事故については、原則として全て報告すること。

①死亡に至った事故

②医師（施設の勤務医、配置医を含む）の診断を受け投薬、処置等何らかの治療が必要となった事故

・その他の事故の報告については、各自治体の取扱いによるものとすること。

3．報告内容（様式）について

・介護保険施設等において市町村に事故報告を行う場合は、可能な限り別紙様式を使用すること。※市町村への事故報告の提出は、電子メールによる提出が望ましい。

・これまで市町村等で用いられている様式の使用及び別紙様式を改変しての使用を妨げるものではないが、その場合であっても、将来的な事故報告の標準化による情報蓄積と有効活用等の検討に資する観点から、別紙様式の項目を含めること。

4．報告期限について

・第1報は、少なくとも別紙様式内の1から6の項目までについて可能な限り記載し、事故発生後速やかに、遅くとも5日以内を目安に提出すること。

・その後、状況の変化等必要に応じて、追加の報告を行い、事故の原因分析や再発防止策等については、作成次第報告すること。

5．対象サービスについて

・別紙様式は、介護保険施設における事故が発生した場合の報告を対象とし作成したものであるが、認知症対応型共同生活介護事業者（介護予防を含む）、特定施設入居者生活介護事業者（地域密着型及び介護予防を含む）、有料老人ホーム、サービス付き高齢者向け住宅、養護老人ホーム及び軽費老人ホームにおける事故が発生した場合にも積極的に活用いただきたい。また、その他の居宅等の介護サービスにおける事故報告においても可能な限り活用いただきたい。

（出典:厚生労働省「介護保険最新情報 Vol.943」）

■著者紹介

田中 元（たなか・はじめ）
昭和37年群馬県出身。介護福祉ジャーナリスト。立教大学法学部卒業。出版社勤務後、雑誌・書籍の編集業務を経てフリーに。主に高齢者の自立・介護等をテーマとした取材、執筆、ラジオ・テレビ出演、講演等の活動を精力的におこなっている。現場を徹底取材した上での具体的問題提起、わかりやすい解説には定評がある。『おはよう21』『ケアマネジャー』（中央法規出版）などに寄稿するほか、著書に、『認知症で使えるサービス しくみ お金のことがわかる本』『ここがポイント！ここが変わった！改正介護保険 早わかり〔2024～26年度版〕』『スタッフに辞める！と言わせない介護現場のマネジメント』（自由国民社）、『現場で使える【訪問介護】サービス提供責任者便利帖』（翔泳社）、『新しい介護記録の書き方・活かし方』『「科学的介護」を現場で実現する方法』（ぱる出版）など多数。

※本書は2018年３月小社発行の『新版 介護の事故・トラブルを防ぐ70のポイント』を最新情報で改訂のうえ改題した改訂版です。

介護事故・トラブルを防ぐ72のポイント

発行　2024年10月28日　改訂３版第１刷発行

著　者　　田中　元
発行者　　石井　悟
発行所　　株式会社自由国民社
〒171-0033　東京都豊島区高田3-10-11
TEL　03（6233）0781（営業部）
TEL　03（6233）0786（編集部）
https://www.jiyu.co.jp/
印刷所　　横山印刷株式会社
製本所　　新風製本株式会社

編集制作　　株式会社ループスプロダクション
本文イラスト　　植木美江
カバーデザイン　　西巻直美（株式会社明昌堂）